O que usar?

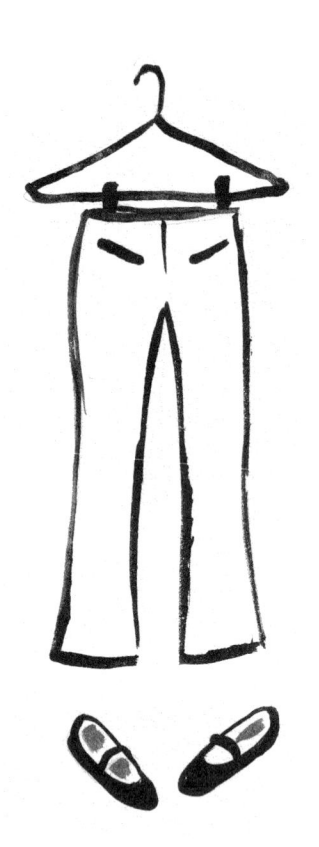

KIMBERLY
BONNELL

O que
usar?

Um guia prático de moda e estilo

Tradução:
Alberto Cabral Fusaro
Márcia do Carmo Felismino Fusaro

2ª EDIÇÃO

EDITORA BEST SELLER

Rio de Janeiro
2005

CIP-Brasil. Catalogação-na-fonte
Sindicato Nacional dos Editores de Livros, RJ.

B711o
2ª ed.

Bonnell, Kimberly
 O que usar? : um guia prático de moda e estilo / Kimberly Bonnell; tradução Alberto Cabral Fusaro, Márcia do Carmo Felismino Fusaro. – 2ª ed. – Rio de Janeiro: Best Seller, 2005.

Tradução de: What to wear?
ISBN 85-7123-704-2

1. Vestuário – Manuais, guias, etc. 2. Moda – Manuais, guias, etc. I. Título.

05-0044

CDD – 646.34
CDU – 646.4

Título original norte-americano
WHAT TO WEAR?
Copyright © 1999 by Kimberly Bonnell
Publicado mediante acordo com a autora.

Todos os direitos reservados. Proibida a reprodução,
no todo ou em parte, sem autorização prévia por escrito da editora,
sejam quais forem os meios empregados.

Direitos exclusivos de publicação em língua portuguesa para o Brasil
adquiridos pela
EDITORA BEST SELLER LTDA.
Rua Argentina, 171, parte, São Cristóvão
Rio de Janeiro, RJ – 20921-380
que se reserva a propriedade literária desta tradução

Impresso no Brasil

ISBN 85-7123-704-2

PEDIDOS PELO REEMBOLSO POSTAL
Caixa Postal 23.052
Rio de Janeiro, RJ – 20922-970

Impressão e acabamento RR Donnelley Moore

*A Michael e Moses,
com um agradecimento especial a Pam*

Índice

Introdução 9

O QUE USAR...
1. Para Valorizar ao Máximo Seu Visual
   Ou seria ao mínimo? 13

2. Em um Local Informal de Trabalho
   Sim, há regras, só que não mais como antes 31

3. Para uma Entrevista de Emprego
   *Você quer que eles a contratem, portanto, capriche
   nas roupas* 43

4. Para Parecer Preparadíssima para uma Promoção
   Vista-se de acordo com o cargo que pretende ocupar 57

5. Para Falar em Público ou Aparecer na Tevê
   *Tudo que você mais quer é parecer charmosa e
   inteligente, certo?* 67

6. Para um Casamento que Não Seja o Seu
   Tome cuidado para não "exagerar" no visual 79

7. Para uma Reunião Entre Amigos
   É uma noite para brilhar. Para provocar inveja, arrependimento, descrença 89

8. Para uma Festa, Qualquer Festa
   Desde um churrasco com os amigos até uma festa black-tie 99

9. Para um Evento Fúnebre ou uma Cerimônia em Memória de Alguém
   Como prestar homenagem aos mortos sem ofender os vivos 117

10. Para Evitar a Armadilha do "Ei, Parece Turista!"
    Talvez usar aquela camiseta com a inscrição "Eu amo o Rio" não seja a melhor opção 123

11. Em Qualquer Estação, Qualquer Clima
    Adeus às regras! 129

12. Durante a Gravidez
    Bem-vinda a essa incrível maravilha da natureza! 143

13. Para Escapar do "Estilo da Mesmice"
    Há uma diferença sutil entre ser fiel a um estilo e tornar-se escrava dele 155

14. Para Parecer Mais Velha Quando Se É Jovem ou Mais Jovem Quando Se É Mais Velha
    Não se preocupe, não é preciso começar pondo uma argola no nariz 165

15. Para se Manter Elegante e "Plugada"
    Mãos ao mouse! 175

Introdução

Este livro será sua tábua de salvação nessas situações da vida que nos provocam reações de pânico do tipo: "Ai, meu Deus, o que eu vou usar?!".

Aquela reunião com ex-colegas de escola durante a qual você pretende pôr em prática aquela "vingançazinha visual". Um novo emprego em um local informal de trabalho e a entrevista para o emprego. Gestação. Um baile de gala ou uma festa de negócios. Como você bem sabe, essas não são situações muito raras em nosso dia-a-dia, mas, mesmo assim, são momentos crucialmente importantes. As escolhas são tantas para obter uma peça adequada e aplicar algumas regras de moda que, por vezes, acabamos nos confundindo. Sim, nossa autoconfiança simplesmente desaparece no momento de escolher o que usar!

Para ser sincera, acho que ***O Que Usar?*** deveria ser mantido em algum lugar dentro de seu guarda-roupa, sempre à mão para uma consulta rápida de última hora. Ele deve ser encarado como um amigo com uma certa classe, mas que não chega a ser intimidadoramente chique, mantendo opiniões claras e racionais a respeito de moda, mesmo respeitando seus temores e inseguranças quanto ao que vestir. Um amigo com experiência suficiente para compreendê-la nesses momentos e, mesmo assim, não abrir mão de aconselhar aquilo que é melhor para você. Este é seu guia de estilo.

Escolhi os tópicos do livro baseando-me em perguntas que recebi repetidamente ao longo de anos e anos trabalhando como consultora de moda e estilo. Os conselhos que dou não têm muito a ver com a altura de bainha que está na moda ou com as cores que não estão na moda (se bem que ajude saber isso também). Em vez de me centrar em tópicos desse tipo, procurei elaborar dicas práticas mais gerais, que você possa manter em mente no momento de escolher, por exemplo, um vestidinho básico preto ou um estampado com margaridas.

O Que Usar? tem a intenção de falar sobre moda, e não sobre o significado mais íntimo da vida. Mas sejamos realistas: há momentos em que roupas são muito mais do que aquilo que usamos para cobrir o corpo — são ferramentas para revisarmos nosso passado e inventar nosso futuro. Elas são seu kit, e este é seu manual. Portanto, mãos à obra!

➤ Se sua dúvida não estiver contida entre as que serão abordadas no livro e você quiser entrar em contato comigo, não se acanhe. Meu site de contato (em inglês) é **www.ask-kim.com**. Eu tentarei ajudar.

O QUE USAR?
Um guia prático de estilo

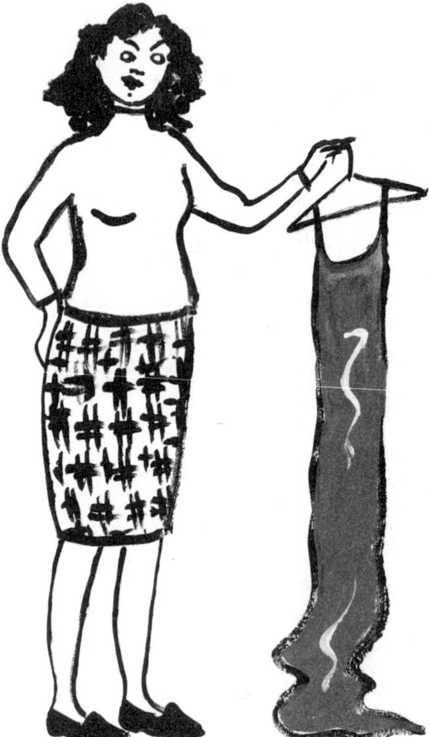

1

Para Valorizar ao Máximo Seu Visual

Ou seria ao mínimo?

Livre-se desses quilinhos a mais ou assuma-os, mas não tente se vestir como se eles não existissem!

Sejamos realistas. Você pode ter o visual mais saudável e mais produzido possível, aceitar que seu corpo não é exatamente como o de uma Gisele Bündchen (mas é quase como se fosse) e, ainda assim, querer perder alguns quilinhos. Ter curvas menos acentuadas... Ser um pouco mais alta... Ter ombros ligeiramente mais largos, a cintura um pouco mais definida e quadris mais estreitos.

Supondo que você se enquadre em algum ponto da escala entre a "magreza total" e a "perigosa obesidade", você pode encontrar uma maneira de se vestir para atingir seu objetivo. E a única pessoa capaz de fazê-la desistir de seu intento provavelmente será aquela que com certeza irá preferir vê-la nua.

Mito #1: Vista peças largas nas partes mais largas de seu corpo.

Não, não faça isso! Se você tiver os quadris, os seios, as nádegas ou a barriga um pouco avantajados, e decidir disfarçar isso com metros e metros de tecido, o local parecerá ainda maior.

➤ Fórmula para valorização do visual: se uma das peças de roupa que você estiver usando for larga, a outra não deve ser. Se a peça de cima for larga, a de baixo deve ser mais justa. Se a de baixo for mais larga, vista algo um pouco mais justo em cima.

Dez Verdades Absolutas para Todos os Visuais

1. As cores escuras deixam a pessoa com uma silhueta mais esbelta.

2. Saias pregueadas engordam o visual.

3. Sandálias com tira no tornozelo fazem suas pernas parecerem mais curtas e, por conseguinte, fazem você parecer mais baixa.

4. O mesmo acontece com botas usadas com saias ou vestidos.

5. Tecidos pesados deixam o visual pesado.

6. Peças justas e brilhantes são como um mapa topográfico de todas as suas saliências e reentrâncias.

7. A roupa monocromática é mais discreta do que a roupa com mistura de tons.

8. Uma saia na altura dos joelhos, que se molde ligeiramente ao corpo, é melhor do que uma completamente reta. A *lycra* ajuda a criar esse tipo de efeito.

9. As pernas parecem mais compridas quando a parte inferior da roupa, as meias e o sapato combinam ou são do mesmo tom. Se você quiser variar um elemento, este deve ser a saia ou o vestido.

10. O item número um, universalmente conhecido como valorizador do visual, é o *blazer* sob medida com ombreiras discretas, um bom caimento na linha da cintura e na altura de onde chegar a ponta de seus dedos sobre a perna.

Não entre em pânico. Sua roupa de banho, como a de todo mundo, será provavelmente três vezes maior do que seu manequim normal. Quem será que foi o sádico que determinou isso?

VOCÊ SE CONSIDERA UMA GATA?

E por que não? Quem disse que para ser bonita e elegante você precisa ter um corpo e um rosto de modelo? Nada disso! Comece por descobrir e valorizar aquilo que você tem de mais bonito. Goste de si mesma (sem narcisismo, claro!) que o resto será mais fácil. Acredite: as pessoas também passarão a gostar muito mais de você e a elogiar seu visual.

"TENHO QUADRIS LARGOS"

Mito #2: Disfarce os quadris largos fazendo seus ombros parecerem mais largos.

Claro, e depois não se esqueça de batalhar um contrato em algum time de futebol americano!

➤ O equilíbrio é um objetivo louvável, mas não se, em busca dele, você fizer tudo parecer maior. Peças para a parte de cima do corpo com ombreiras discretas e sutilmente definidas no torso — com um leve ajuste na cintura, linhas retas e cavas naturais, não muito profundas —, na altura de seus quadris ou passando um pouco deles são menos denunciadoras e mais elegantes do que aquelas que mais parecem uma armadura.

Outros detalhes que disfarçam quadris largos:

- Esconder a curva onde começam seus quadris pode deixá-la com um visual mais esbelto. Faça isso com blusas de caimento justo e compridas apenas o suficiente para passar essa curva dos quadris, usadas sobre uma saia ou uma calça com corte elegante.
  - Peças de corte reto e na altura da ponta dos dedos pousados sobre a perna, como *blazers* mais compridos ou túnicas.
  - A altura dos quadris deve ser sempre a medida das roupas de cima.
- *Nada* de peças curtas.
- *Nada* de peças cuja altura fique sobre a parte mais larga de seus quadris.
- *Nada* de peças de cima com formato quadrado.
- Peças de baixo com corte reto, que não acrescentem centímetros ao seu visual.

- Saias na altura do joelho.
- Calças de corte reto.
- Calças e saias com a frente reta ou com uma prega única.
- Barras na altura dos joelhos.
- *Nada* de calças ou saias esvoaçantes.
- **Nada de cintura marcada por laços, elásticos, cintos ou coisas do gênero.**
- *Nada* de pregas ou dobras repetidas.
- *Nada* de tecidos com cores vivas, texturas espessas e detalhes brilhantes.
- Calças folgadas, com barra na altura do tornozelo, usadas em conjunto com peças passando da altura dos quadris.
- Vestidos que a deixem com uma aparência esguia ou que passem disfarçadamente sobre os quadris.
  - Barra bem ajustada, que não marque o tecido.
  - Vestidos feitos de um tecido que deslize discretamente sobre o corpo.
  - *Blazer* sob medida ou vestidos em modelo de camisão.
- *Dependendo da ocasião*: cintura marcada. Mas somente se você for alta.
- Detalhes, cores e estampas que disfarcem suas formas ou realcem a parte de cima de sua roupa.
  - Roupa monocromática ou tons mais intensos na parte de cima da roupa.
  - Detalhes verticais como uma gola mais longa em um *blazer* com uma única carreira de botões.
  - Casaco reto, com uma única carreira de botões e gola arredondada.
- Não usar sapatos de salto muito alto.

- *Nada* de saltos achatados.
- Maiôs com detalhes na parte de cima, como cores mais claras, decotes com laço, alças bem largas ou bem finas.
- Tecidos que moldem disfarçadamente o formato de seu corpo, como aqueles com uma sutil mistura com *lycra*.

"SOU BAIXINHA"

Mito #3: Mulheres mais baixas devem se vestir de modo a enfatizar a parte de cima do corpo.

Por que não anunciar de uma vez em um luminoso: "Me chamem de baixinha!"? Sim, porque é isso que uma gola grande ou ombreiras exageradas fazem às mulheres mais baixas, levando os outros sempre a se referirem a elas com clichês ultrapassados, isso quando não mencionam mitos nem um pouco lisonjeiros.

➤ Uma maneira mais sutil, eficiente e menos limitadora de fazê-la parecer mais alta é por meio da altura ideal da barra da saia: acima do joelho. Barras um pouco mais curtas podem funcionar para algumas mulheres, mas as mais compridas raramente funcionam.

Uma outra dica que pode fazer toda a diferença quando você é baixinha, e que não diz respeito apenas à altura da barra, é manter um olhar crítico em alguns outros detalhes: altura do salto dos sapatos, comprimento das calças, das mangas, dos *blazers* e da parte de cima das roupas em geral.

Outros detalhes que fazem você parecer mais alta:
- Se você não tiver nenhum outro detalhe mais acentuado em sua silhueta, poderá usar a maioria dos modelos de roupa, desde que proporcionalmente adaptados à sua altura.

- Roupa monocromática, incluindo os sapatos.
- Calças de corte reto ou levemente afuniladas.
  - Compre modelos de calça que se ajustem no caimento e nos quadris; a altura e a cintura são mais fáceis de serem ajustadas, se necessário.
  - A barra das calças para serem usadas com salto alto não deve passar do seu calcanhar sem sapato.
  - A barra das calças que você usar com saltos achatados não deve ficar abaixo do dorso do pé.
  - Use calças mais soltas em tons cáqui e com a barra na altura do tornozelo juntamente com blusas que modelem seu torso e que cheguem à altura dos quadris. É opcional o uso de alguma peça por cima, como cardigã, jaqueta jeans, *blazer* etc.
- *Nada* de barra italiana, do tipo que fica dobrada para fora.
- *Nada* de calças largas, a menos que sejam de tecidos leves.
- *Nada* de "engordadores de silhueta", como pregas duplas ou triplas nas calças, cintos largos e estampas grandes.
- Saias de modelo cônico ou com corte enviesado e na altura dos joelhos. (Cuidado com as saias na altura da panturrilha — é possível usá-las, mas não é muito recomendado para as baixinhas.)
- Roupas com a parte de cima justa e a parte de baixo mais larga, devidamente ajustadas à sua altura.
- **Nada de roupas curtas demais!**
- Vestidos de corte reto, que se ajustem à sua silhueta.
- Vestidos na altura dos joelhos ou mesmo longos, mas *somente se* forem

de um modelo reto e discreto, e não do tipo "menininha"; se houver estampa, é preferível que ela se localize na parte de cima da roupa, e não abaixo da cintura.
– *Nada* de vestidos com cintura marcada.
– *Nada* de vestidos com cintura marcada e acima dos joelhos.
- Modelos tomara-que-caia, golas com laço, golas altas.
- Mangas na altura dos cotovelos, três-quartos e no comprimento dos punhos.
- Blusas e vestidos sem alças.
- Casacos com golas arredondadas.
- *Blazers* e blusas na altura dos quadris.
- Peças de cima ajustadas ao corpo.
- *Nada* de blusas folgadas e grandes demais.
- Estampas, padrões e detalhes sempre em pequena escala.
- Acessórios — jóias, bolsa — proporcionais à sua altura.
- Maiôs lisos e discretos.

CACHINHOS DOURADOS SAI PARA COMPRAR SAPATOS

Um conto de alturas

Em busca de sapatos que aumentassem seu um metro e meio de altura, diminuto até mesmo para os padrões dos contos de fadas, Cachinhos Dourados saiu às compras. O primeiro par de sapatos, com saltos de sete centímetros e meio, deixou o formato de suas pernas simplesmente fabuloso, mas inclinou seu corpo subitamente mais alto para a frente, fazendo-a parecer a torre de Pisa[1].

---

1. Sapatos com salto muito alto são um ótimo subterfúgio para todas as mulheres baixinhas, mas, na verdade, é o *tamanho do pé* que determina se Cachinhos Dourados, ou você, perderá o equilíbrio ao usá-los. Se seu número de calça-

O segundo par, tamancos informais com salto plataforma de cinco centímetros de altura, deixaram-na bem mais alta, mas, por Deus, presa feito uma planta no vaso![2]

"Estes saltos não só me fazem parecer estranha, como são desconfortáveis", protestou ela, pegando um par de *scarpins* com saltos achatados. Eles eram incrivelmente confortáveis, mas Cachinhos Dourados começou a se sentir como se estivesse no buraco por onde sua amiga Alice entrou para chegar ao País das Maravilhas[3].

Ela continuou ali, descalça, amaldiçoando a indústria da moda, quando, de repente, apareceu o Duende Feliz, um vendedor da loja de calçados. Com uma piscadela, ele sorriu e disse: "Não se preocupe, eu tenho exatamente o que você precisa".

"Implantes de altura?", perguntou Cachinhos Dourados, empolgada.

"Nããão", respondeu ele. "Saltos de cinco centímetros! E de dois centímetros e meio também."

Bem, aqueles eram mesmo perfeitos. Os saltos com cinco centímetros de altura fizeram Cachinhos Dourados se sentir no topo do mundo e deixaram-na sem medo de cair de cara nele.

---

dos for trinta e cinco ou menos, não tente usar sapatos mais altos do que cinco ou cinco centímetros e meio. Pés com número acima de trinta e cinco têm mais superfície para equilibrar alturas maiores.
2. Cachinhos Dourados poderia usar saltos plataforma menos "dramáticos", com cerca de três centímetros de altura.
3. Se você for baixa, mas tiver pernas longas em relação ao torso, poderá até usar sapatos com salto achatado. Eles ficarão bem com calças ou com roupas de verão, com boa parte de suas pernas à mostra.

Os sapatos com saltos distribuídos uniformemente na parte de trás e na parte da frente e aqueles com salto e uma tira passando pelo tornozelo causaram o efeito desejado[4]. No entanto, os sapatos com salto de dois centímetros e meio se tornaram os preferidos de Cachinhos Dourados para o dia-a-dia[5]. Elas os usou até mesmo na Festa Anual do Mingau de Aveia, oferecida pelos três ursos — já ouviu falar nela?

"TENHO DE DISFARÇAR MEUS SEIOS AVANTAJADOS"

Mito #4: Esconda seios grandes com blusas folgadas.
Um corolário do mito #1 e tão errado quanto ele.

➤ Lembre-se desses dois termos: "sob medida" e "por dentro da calça". E aplique uma ou ambas as regras para qualquer roupa.

Minimizadores eficazes:
- Um sutiã minimizador. A maioria promete disfarçar o volume de seus seios para um número a menos.
- A linha bem definida do ombro de um *blazer* sob medida ou uma camisa em estilo masculino.
- *Nada* de ombros caídos.
- Surpresa: Uma peça mais justa e uma cintura definida, como a que você consegue obter com uma blusa de gola alta, um *blazer* cinturado ou a blusa por dentro da calça. (Se você não

---

[4]. Isso mesmo! Saltos de cinco centímetros são a solução! Eles a deixarão equilibrada e com uma altura bem-proporcionada.
[5]. Uma elevação de dois centímetros e meio já é uma boa cota mínima para a maioria das mulheres baixinhas.

quiser revelar muito a cintura, vista um cardigã ou um *blazer* por cima da blusa usada por dentro da calça.)
– *Nada* de blusas desleixadas, folgadas ou compridas demais.
- Malhas de tricô não muito pesadas.
  – *Nada* de pontos volumosos, retorcidos ou grandes.
  – *Nada* de linhas para tricô leves demais.
- Blusas com gola alta e com comprimento abaixo da cintura.
- Decote em "v" e gola redonda *somente se* o modelo da blusa for reto e o caimento for ligeiramente justo (gola em "v" em uma blusa solta demais não é elegante).
- Gola canoa.
- Cores escuras na parte de cima da roupa.
- **Nada de estampas grandes!**
- Estampas simples na parte de cima da roupa.
- *Nada* de tecidos amarrotados, cintura marcada, bordados ou aplicações.
- Maiôs com um bom corte de modelagem do corpo. Algumas marcas têm até suportes para os seios.
- Alças largas.
- Cor mais escura na parte de cima, seja a roupa de uma ou duas peças.

Se você não se encaixou em nenhuma das descrições acima, confira o quadro de medidas a seguir.

Seu corpo	Blazer	Calça	Blusa
TODO ARREDONDADO	Corte reto Ligeiramente justo na cintura Altura da ponta dos dedos sobre a perna Ombreiras discretas Tecidos lisos Carreira única de botões	Frente reta Zíper do lado ou atrás Reta, com corte solto Sem barra italiana Tecidos lisos	Sob medida Gola canoa Gola alta Altura um pouco abaixo da cintura Use-a arrumada, e não grande demais ou amarrotada
AMENINADO	Modelos com linhas curvas, arredondados na cintura Tecidos espessos caem bem, mas não são uma exigência Com cinto ou com carreira dupla de botões ficam bem, mas não são uma exigência	Quase todos os modelos: pregueadas e com barra italiana, tecidos leves ficam bem, mas não são uma exigência *Saint-tropez*	Tecidos espessos Frente-única Capuz Agasalhos Comprimento logo abaixo da cintura
SEIOS PEQUENOS	Modelos com linhas curvas, com cintura marcada Carreira dupla de botões fica bem, mas não é uma exigência Com bolsos na altura dos seios Tecidos espessos caem bem, mas não são uma exigência		Frente-única com tecidos espessos agasalhos com a parte mais leves que a parte inferior da roupa Golas com botões Bolsos na altura dos seios Roupas modelo sati
BARRIGA PROEMINENTE	Na altura da ponta dos dedos ou passando dos quadris Se o modelo se ajustar bem ao seu corpo, pode usá-lo abotoado Tecidos lisos	Frente reta Zíper do lado ou atrás se ajusta melhor, nada de modelos justos com elástico	Na altura dos quadris ou mais comprida Reta na linha do torso Nada de barras
MANEQUIM ACIMA DE 46	Altura passando dos quadris e corte bem estruturado, com leve marcação na cintura Carreira única de botões Tecidos lisos Tons mais claros usados sobre conjuntos monocromáticos de tom escuro	Frente reta Modelo pregueado e com leve ondulação Não muito estreita Tecidos lisos	Alturas: passando dos quadris ou bem em cima da parte mais larga dos quadris Gola alta Mangas na altura do cotovelo Cores lisas

Seu traje ideal

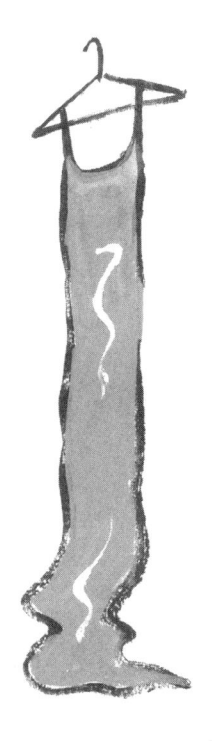

	Vestido	Maiô/Biquíni
emente preguejada nte reta er de lado ou atrás n cós stada sobre os quadris idos lisos	Pinças leves na cintura Vestido inteiriço com uma carreira de botões na altura dos seios Modelos com cintura marcada Tecidos deslizantes e de bom caimento no corpo	Decote alto Inteiriço Com modelador de seios Tecido fosco Estampa pequena sobre um fundo levemente escuro *Lycra* com boa porcentagem de expansão
delos: ubinho regueado a em cima e larga mbaixo elope	Com alças e de bom caimento no corpo Modelo camisão Modelo roupão Com gola e com uma carreira de botões até a barra Modelo com alças para deslizar sobre o corpo Modelo com casaquinho Modelo com cintura marcada	Estampa colorida ou franzido na cintura Estampas contrastantes nos lados do torso Acabamento com detalhes destacados Tecido espesso
	Modelo tipo safári Modelo tipo roupão Com gola e mangas japonesas e aberto nas laterais Modelo com casaquinho Com cintura marcada Modelo camisão	Parte superior mais clara do que a inferior Texturas, detalhes e cores contrastantes na linha do busto Tecido enviesado na linha do busto
nte reta er de lado ou atrás gueada velope eita na parte superior e arga na parte inferior idos lisos	Conjunto com casaquinho/barras combinando Conjunto com *blazer* longo combinando Modelo tipo safári Modelo reto com tecido que disfarce as linhas do corpo	Parte inferior escura/parte superior mais clara ou estampada Inteiriço Tecido fosco *Lycra* com boa porcentagem de expansão
delo reto, levemente pregueado velope vemente acima do joelho nte reta er de lado ou atrás cidos lisos que disfarcem as linhas do corpo	Vestido com gola tipo camisa Drapeado sob medida Conjunto com *blazer* longo combinando Modelo reto com tecido de bom caimento	Inteiriço clássico Cores ou detalhes enfatizados no pescoço ou nos ombros Estampa pequena sobre fundo escuro *Lycra* com boa porcentagem de expansão

Mais Cinco Verdades

1. Uma estampa com padrões pequenos sobre um fundo escuro pode se tornar uma camuflagem bastante eficaz, principalmente em maiôs e biquínis. As estampas enormes ou chamativas demais ficam bem para sofás, não para pessoas.

2. Listras verticais "emagrecedoras" não farão seus quadris desaparecerem.

3. Não se torne uma escrava do tamanho. Compre aquilo que lhe servir.

4. Cabelos cheios fazem você parecer mais baixa, mas cabelos totalmente retos não fazem necessariamente você parecer mais alta.

5. Há uma "razão econômica" que faz com que tantas mulheres sejam viciadas em preto.

SALVAMENTO PELA TECNOLOGIA!

Controle com *lingerie* todas as curvas fora de controle

Os itens de controle para aquelas "gordurinhas a mais" já foram bem além das clássicas calcinhas inteiriças e das meias de *lycra*[1].

---

1. Nesse tipo de meia, você pode obter vários padrões de controle e escolher qual deles usar: somente no abdome, no abdome e nas pernas, no abdome e nos quadris e assim por diante. Verifique a porcentagem de *lycra* (esse é o nome comercial da DuPont para a expansão do material); quanto mais *lycra*, mais controle.

Quase todas as grandes empresas de *lingerie* estão em dia com os padrões da moda, incluindo a **www.lingerie.com.br.**

E sabe de uma coisa? Essas belezinhas realmente funcionam! A alta porcentagem de *lycra* deixa seu corpo com um formato mais regular, mais esbelto e, principalmente para as não-masoquistas, as peças não são exageradamente desconfortáveis. Você pode adquirir esse tipo de *lingerie* em lojas especializadas como a citada acima, por meio de catálogos ou através da Internet[1]. Verifique:

- O controle de pressão nas pernas — meias três-quartos para usar com calça.
- Cintas para conter a barriga — modelos sexies e que a deixem bonita, e não modelos antiquados.
- Anágua — modelo que ameniza suas formas para o uso de saias mais justas.
- Modelador — ameniza sua silhueta desde os quadris até a linha do busto (alguns contêm a parte do sutiã com modelador para os seios, outros terminam abaixo da linha dos seios).
- Combinação — anágua e corpete juntos em uma só peça que faz os vestidos leves realmente parecerem leves e deslizantes sobre seu corpo, e não "cheios de obstáculos pela frente".
- Calcinhas modeladoras — deixam você mais esbelta na frente e enfatizam seu bumbum.
- Aumentador/redutor de busto — há sutiã modelador para todos os gostos; desde aqueles que aumentam os seios e os deixam mais arredondados até aqueles para deixá-los com aparência menor e mais achatada.

---

1. Confira o item "lingerie" do Capítulo 15 para maiores detalhes.

Os Dez Mandamentos do Jeans

1. Bolsos pequenos atrás fazem seu bumbum parecer maior.

2. Antes de colocá-lo na máquina de lavar, dobre o jeans pelo avesso para evitar que ele desbote, e não o coloque na secadora de roupas.

3. O jeans branco, de modelo clássico, está sempre na moda e pode ser usado o ano inteiro.

4. Usar jeans com sapatos modelo chanel (sapato de salto, aberto atrás e com uma tira acima do calcanhar) pode deixá-la incrivelmente sexy.

5. As medidas do jeans de um fabricante nunca se igualam às medidas de outro.

6. A cada vez que você for comprar um jeans novo, terá de provar, no mínimo, entre seis e oito modelos, até encontrar aquele que lhe cai melhor.

7. Não use jeans com o calçado que você usa para fazer ginástica ou para correr. Faça uma combinação diferente e mais elegante.

8. Evite ao máximo que a barra de seu jeans se junte "em camadas" sobre os sapatos. Mude

de jeans (ou faça a barra da calça) ou então mude os sapatos para um modelo com salto.

9. O jeans modelo *baggy* e o jeans pregueado são invenções lamentáveis. Mantenha-se bem longe deles!

10. Quando estiver provando o jeans novo, sente-se, incline-se para frente, abaixe-se e cruze as pernas. Os modelos desconfortáveis são simplesmente torturantes.

CONSIDERAÇÕES FINAIS

Seu manequim é grande ou extragrande? Então você não vai querer perder as novidades sobre a incrível variedade de modelos de roupas que estão sendo feitos especialmente para você[1]. Para adiantar, aqui vai um endereço de site para você já ir se mantendo atualizada:

www.temgente.com.br

---

1. Confira o item "Moda Especial" do Capítulo 15 para mais detalhes.

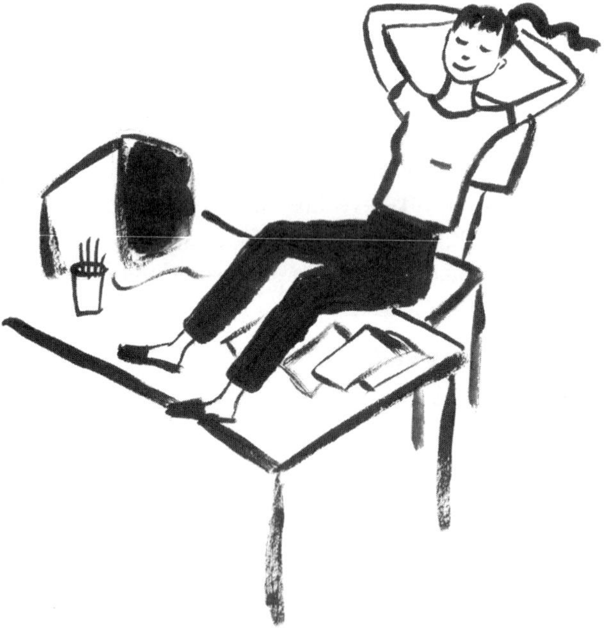

2

Em um Local Informal de Trabalho

Sim, há regras, só que não mais como antes.

Também há *regras* na maioria dos locais informais de trabalho; elas apenas não são as mesmas de antigamente. Algumas empresas têm códigos escritos de informalidade, mas outras (a maioria) vão elaborando guias práticos conforme as situações vão exigindo.

Isso leva a uma situação em que existem mais códigos para o uso de roupas do que lugares para se trabalhar! Pode acreditar.

Claro que usar algo "errado" em um dia de trabalho não vai arruinar suas chances de conseguir um aumento ou uma promoção (até mesmo para a diretoria), mas você se dará conta rapidinho do erro que cometeu ao escolher aquele vestido longo (ou seria um vestido de noite?), e não voltará a usá-lo tão cedo.

> Livre-se da ansiedade e dedique algum tempo para elaborar uma lista por escrito do "código de casualidade" de seu local de trabalho, mesmo que se trate apenas de uma lista daquilo que *não* é permitido.

Espere! Não Use...

Nada que você usaria para dar banho no cachorro ou para lavar o carro.

Roupas ou sapatos com os quais você transpira muito.

Mais do que uma peça de jeans por vez.

Jeans "extremado" — desbotado, muito usado, grande demais, justo demais.

Qualquer coisa que você usaria para seduzir.

Calça com estampa floral.

Camisetas com figuras ou que fazem propaganda de alguma coisa (exceto se se tratar do logotipo de sua empresa, claro!).

Blusa de moletom, mesmo sem logotipo.

Calça de moletom.

Camisetas desgastadas demais.

Qualquer coisa grande o suficiente para acomodar duas de você dentro dela.

Qualquer coisa tão apertada ou pequena a ponto de chamar atenção.

A velha combinação de calça apertada com blusa larga.

Roupas com remendos, sejam eles "estilizados" ou "naturais".

Qualquer coisa que sua mãe chamaria de "desleixado".

Provavelmente Não Haverá Problema se Você Usar...

Uma bermuda "bem-comportada" (dependendo do seu local de trabalho).

Uma saia ou um vestido acima do joelho (não mais curto do que isso).

Uma saia ou um vestido na altura da panturrilha (não mais longa do que isso).

Tênis limpos e novos, desde que sejam discretos.

Blusa sem mangas, se o decote (na frente e atrás) for discreto.

Uma blusa com estampa floral, desde que não haja nada franzido nela.

Casacos bem assentados, que não fiquem largos demais.

Calças folgadas, mas não em excesso.

Uma solução prática é combinar uma peça mais formal para o local de trabalho com outra mais informal.

Tente:

Calças inspiradas em modelos masculinos, com malhas de tricô (modelo pólo ou simples, com decote redondo ou em "v", pulôver, cardigã) e mocassins.

Calça cáqui ou jeans (preto ou azul-marinho); blusa e cardigã do mesmo tecido; sapatos modelo chanel de salto baixo ou sem saltos, sapatilhas (sem meias) ou botas de cano curto.

Jeans (preto, branco ou azul-marinho; sarja ou veludo cotelê) ou calça em estilo jeans feita sob medida (flanela escura, por exemplo); blusa de *cashmere* com gola alta ou camisa de *cashmere* em estilo masculino; botas, mocassins, sapatos modelo chanel ou tênis.

SE É CORRETO USAR VESTIDO NO TRABALHO? SIM, MAS SOMENTE SE ELE...

Não for de um tecido fino demais, esvoaçante, modelo verão, transparente, na altura dos calcanhares ou no meio das coxas.

For de um modelo tradicional, do tipo com gola, reto ou solto (sim, até decorado com motivo floral), um tubinho (não mais do que dois centímetros acima do joelho), de um modelo discreto qualquer.

Não exigir um sutiã especial, por exemplo: com alça no pescoço, frente-única, ou com alças fininhas.

Os sapatos podem abrilhantar ou arruinar um visual informal. Por exemplo:

- Quando as roupas são muito informais (um jeans ou uma camiseta), *sapatos mais formais* amenizam sua aparência, para que você não pareça informal demais. *Nobucks*, mocassins, botas de cano baixo, sapatos de salto achatado ou sapatilhas causam esse efeito. Tênis, tamancos e sandálias não.
- O inverso: quando a roupa é tradicional (calça em estilo masculino ou *blazer* sob medida), sapatos "descontraídos" — mocassins, sandálias — deixam o visual mais leve.

Treze Dicas Para Tornar Seu Visual Mais Informal
(além dos sapatos)

1. Não use meias quando estiver de calça.

2. Dispense o *blazer* executivo.

3. Use o *blazer* fechado, sem blusa por baixo, com uma calça mais solta e sapatos sem meia.

4. Substitua as jóias típicas de mulher de negócios (brincos de pressão de tom dourado, pérolas etc.) por peças com características mais pessoais.

5. Troque os sapatos sérios por mocassins, sapatilhas, modelos mais esportivos ou tênis sem detalhes demais, quando estiver usando calça.

6. Experimente usar uma blusa "autêntica" ou do tipo étnico — em vez de uma sob medida —, como uma blusa em estilo sári, um pulôver aberto dos lados, uma jaqueta ou colete modelo safári, colar de contas, saia havaiana, camisa esporte modelo masculino.

7. Amarre um suéter leve em torno da cintura.

8. Use blusas ou camisas do tipo que pode ser amarrado na cintura.

9. Use blusas sem mangas, desde que o decote não seja ousado.

10. Use blusas por fora da calça, desde que seu visual fique elegante e não pareça desleixado.

11. Use uma camisa aberta por cima de uma camiseta ou de uma blusa justa.

12. Substitua o cinto formal por uma faixa mais colorida ou com motivos étnicos, ou use uma echarpe descontraída.

13. Use um pouco mais de cores. Se você costuma usar sempre cores neutras, vestir algo mais colorido faz o mundo notar que você mudou de estilo. Tenha apenas o cuidado de manter combinações discretas, que não sejam chamativas demais.

> O jeans deve ser azul-marinho, preto ou branco. Nada de jeans desbotado.

> Para evitar o desbotamento do jeans preto, lave-o pelo avesso, em água fria, e não o coloque na secadora.

OUTROS TRÊS FATORES IMPORTANTES QUE DETERMINAM QUÃO INFORMAL É O NÍVEL DE "INFORMALIDADE" DO LUGAR ONDE VOCÊ TRABALHA:

1. A natureza do negócio
Os negócios mais tradicionais, notadamente aqueles que lidam com leis e dinheiro (setor bancário, investimentos, seguros, advocacia, setores governamentais), são também os mais casualmente tradicionais. "Informal" nesses ambientes geralmente significa algo bem-comportado, como calça cáqui e camisa para os homens e... bem... calça cáqui e blusa para as mulheres.

Locais de trabalho menos envoltos pela tradição, incluindo a maioria das empresas de negócios, de tecnologia, locais de criação, escolas, empreendimentos sem fins lucrativos e muitos outros lugares, são também menos rigorosos na definição de "informal". *O principal cuidado que se deve ter nesses ambientes de trabalho é não se exceder na informalidade — desleixo, visual escandaloso ou qualquer coisa que faça parecer que você "não está nem aí".*

2. A região e o local de trabalho

Previsivelmente, o ocidente é mais informal do que o oriente, assim como as regiões sul e central são mais conservadoras do que as litorâneas. Seu trabalho se localiza no centro de uma cidade, em um subúrbio ou em uma região rural? Vestir short para trabalhar no centro da cidade é mais desaconselhável do que seria em um subúrbio. Os costumes rurais, por sua vez, variam bastante. Em regiões rurais, a natureza do trabalho tem mais relevância do que o local de trabalho. (Uma bancária geralmente precisa ter uma aparência mais conservadora, esteja ela trabalhando na cidade ou no litoral.)

3. Seu cargo

Observe as pessoas que ocupam cargos acima do seu para obter pistas do que é ou não é aconselhável usar. Nunca viu sua chefe de sandálias? Pois mantenha os pés devidamente cobertos.

Se você estiver começando em um novo trabalho, coloque-se do lado dos "informais bem vestidos" até obter mais pistas de como é o local. Aparecer com um visual relaxado *demais* pode ser interpretado como uma atitude *blasé*.

Ignore o Visual Informal do Dia-a-Dia e Vista-se com Mais Formalidade Quando:

- Chegar o dia de avaliação de seu desempenho.
- Chegar o dia de você conduzir uma avaliação de desempenho.
- Você tiver uma reunião com o pessoal do Departamento de Recursos Humanos.
- Você tiver uma reunião com um cliente ou futuro cliente que com certeza não estará vestido informalmente.
- Você for participar de uma reunião de negócios fora do escritório.
- Você estiver em meio ao processo de entrevistas para ocupar outra posição na empresa.

Suponhamos que você *prefira* se vestir mais formalmente no trabalho

Vestir-se informalmente pode se tornar seu grande pesadelo simplesmente por você não gostar do visual informal. Ou por preferir a segurança psicológica oferecida por um *blazer*, seja ele parte do conjunto com uma calça ou uma saia, seja ele apenas um item usado por cima de um traje mais informal.

No entanto, quando você não participa do "jogo de descontração", pode ser rotulada de "quadrada", estraga-prazeres ou passar a carregar o terrível estigma de "não se enquadrar na equipe".

Mas cá entre nós: continue com seu *blazer*. Mude apenas o que você veste em conjunto com ele — em vez de uma saia, vista calça; ao usar calça, escolha um modelo mais informal. Ou então mantenha o *blazer* e a calça de sua preferência e vista uma blusa mais informal.

Você vai fazer uma entrevista para um emprego de período integral em um local de trabalho informal? Você corre o risco de parecer formal demais ("Puxa, ela está muito tensa! Será que ela não conhece nosso tipo de trabalho?"), ou relaxada demais ("Jeans em uma entrevista de emprego? O que ela tem na cabeça?"). Não se desespere, você encontrará as respostas para este dilema no Capítulo 3, "Para uma Entrevista de Emprego".

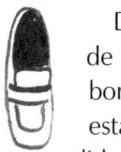

Deixe a blusa séria de lado, vista uma boa camiseta de algodão, uma blusa de modelo informal ou uma bonita camisa em estilo pólo. Pronto. Agora você está passando uma impressão de informalidade, embora ainda continue completamente "armada". (Pode ser que você também queira abandonar os sapatos formais. Se for o caso, que tal trocá-los por um prático par de mocassins ou *nobucks*?)

CONSIDERAÇÕES FINAIS

Se a informalidade no local de trabalho chegou para ficar? Bem, digamos que ela já está institucionalizada o suficiente para causar alguma repercussão, como a de olhar duas vezes para alguém que apareça "mais bem vestido" no trabalho algum dia da semana. Enquanto isso...

- Quase noventa por cento dos homens que trabalham de terno e gravata e que participaram de uma pesquisa realizada pela Levi Strauss, em 1997, disseram poder usar trajes mais informais no trabalho, pelo menos ocasionalmente. Cinqüenta e três por cento se vestem informalmente todos os dias.
- A mesma pesquisa revelou que quanto menor a empresa, mais é provável que ela dê preferência ao visual mais informal. (As empresas pequenas tendem a ser mais empreendedoras e a criar suas próprias regras no ambiente de trabalho.)
- As empresas do ocidente, segundo a pesquisa da Levi, são aquelas com maior probabilidade de apresentar roupas informais todos os dias (correspondente a 61 por cento dos empregados entrevistados). O *Wall Street Journal* aponta que há até mesmo firmas de advocacia aderindo à moda da informalidade de trajes. Segundo o jornal, "A 'Casual Friday' ou 'Sexta-feira Informal', uma inovação adotada por muitas corporações americanas, está se transformando em 'Todos os Dias Informais' em grandes firmas de advocacia [de San Francisco]" (19/3/1999). E, com certeza, isso está se tornando uma tendência cada vez mais forte, pelo menos para nós, aqui do ocidente.
- Mais da metade das empresas pesquisadas (52 por cento) permite o uso de trajes informais durante todos os dias de trabalho.

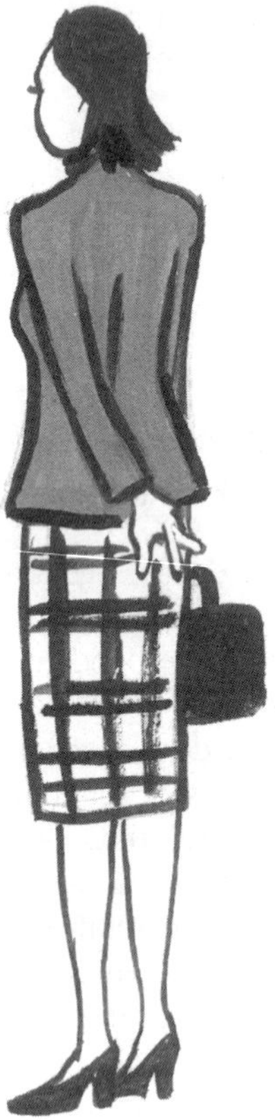

3

Para uma Entrevista de Emprego

Você quer que eles a contratem, portanto,
capriche nas roupas.

Antes existia a seguinte regra: use sempre um *tailleur* para uma entrevista. Apesar da época de liberdade que vivemos atualmente, o *tailleur* ainda pode funcionar, mas também pode fazer seu entrevistador pensar que você é formal demais para o cargo. As impressões são mais fortes durante uma entrevista do que em seu dia-a-dia no trabalho. Em uma entrevista, a roupa adequada não vai necessariamente garantir que você consiga o emprego, mas a roupa errada pode fazê-la perdê-lo logo de cara.

Afinal, o que você deseja em uma entrevista é **se sobressair** enquanto tenta demonstrar que é a pessoa certa para o emprego.

HORA DE BRINCAR DE "DEVO OU POSSO?"

Responda às seguintes perguntas com "sim" ou "não". Nesta lista de "Devo?", pare ao primeiro "sim". *Como uma diretriz mais adequada, você ficaria bem usando qualquer coisa citada no próprio item ou nos itens anteriores àquele em que você parou, mas nada depois dele ficaria bem.* Se todas as suas respostas forem "não", você poderá usar qualquer item da lista.

Devo usar um *tailleur*?

Devo usar um conjunto de *blazer* e calça social?

Devo usar um *blazer*?

Devo usar saia?

Devo usar uma peça tipo *blazer*, como um cardigã?

Agora, nesta de "Posso?", pare no primeiro "não". *Todos os itens acima de seu "não" cairão bem, mas nada abaixo cairá bem.* Se todas as suas respostas forem "sim", você poderá usar qualquer item da lista.

Posso usar blusa e saia ou blusa e calça, sem uma terceira peça tipo *blazer*?

Posso usar blusa sem mangas?

Posso usar cáqui?

Posso usar jeans?

Posso usar tênis?

UM GUIA PRÁTICO SOBRE VESTUÁRIO PARA QUATRO TIPOS DE AMBIENTE DE TRABALHO

Identifique em qual deles você será entrevistada

1. O ambiente conservador

Nesse ambiente de trabalho a lei é "vista *tailleur*". Negócios relacionados a dinheiro — setor financeiro, bancário e de ações — enquadram-se neste grupo. Assim como o setor político, de seguros, de advocacia, de imóveis comerciais e de grandes hotéis. Os homens e as mulheres no topo da corporação tradicional se encaixam aqui, assim como muitas pessoas da área de vendas.

Você será entrevistada em um local desse tipo? Use *tailleur*.

2. O ambiente corporativo informal

Mais da metade dos ambientes de trabalho e dos empregos se localizam nesse tipo de ambiente de acordo com o código de vestuário atual. Segundo o *Wall Street Journal* (1998), isso nos transforma na "democracia de moda" das calças cáqui e das camisas pólo, e dos suéteres e calças sociais. Aqui se enquadram os guarda-roupas de profissionais como gerentes, administradores e assistentes, professores, médicos e enfermeiras (por baixo dos aventais, claro), de empregados do setor público, jornalistas, pessoas ligadas à área de tecnologia e vários outros setores.

Você será entrevistada em um local desse tipo? Use *blazer* por cima de uma roupa menos formal.

Por quê? Porque para a maioria das empresas onde os empregados usam trajes informais esta é uma mudança relativamente recente em relação ao passado mais formal, passado este que eles não apreciavam muito, pelo menos não oficialmente. Mas para a entrevista é melhor respeitar o passado. Exceção: firmas jovens, geralmente empreendedoras (como as ligadas à área da Internet e da informática em geral), que foram criadas em meio a um ambiente informal.

3. O agitado ambiente de criação

Esse é o tipo de ambiente onde as roupas geralmente comunicam habilidades: você é inovador e criativo e seu visual denota isso. Conseguir impressionar quase sempre significa estar em dia com as novidades, sejam elas novas grifes, novos estilos, um visual despojado ou tão completamente singular que dispense qualquer uso de grife. Há alguns cargos ligados à criação dentro de empresas conservadoras, como a de diretor de marketing, mas a maioria dos cargos desse tipo se encontra em áreas como as de publicidade, propaganda, música, moda, cinema, televisão e em alguns setores ligados a operações de venda.

Você será entrevistada em um local assim? Vista-se de acordo com a última moda.

Até que ponto? Bem, antes da entrevista, é melhor você se informar quanto ao tipo de ideologia da empresa, pois um visual que esteja de acordo com a moda pode se tornar um ponto a mais para uma empresa, ou pode parecer sinal de conformismo e de falta de criatividade para outra.

4. O ambiente padronizado

Esse tipo de ambiente existe em áreas onde o uso de uniforme ou de acessórios externos é a norma: *chefs* e outros cargos ligados à cozinha, trabalhos ao ar livre ou que exijam esforço físico, como o de policial, jardineiro, segurança, pintor de parede, caminhoneiro etc.

Você será entrevistada em um ambiente como esse? Vestir um *blazer* por cima de uma roupa mais informal é uma boa idéia, mas não é obrigatório.

PARA FAZER NOS DIAS ANTERIORES À ENTREVISTA

1. Espione

Observe a entrada do lugar, o estacionamento, entre no site da empresa. Dê uma olhada em como as pessoas da empresa se vestem. Ainda incerta quanto ao que usar? Então telefone para o departamento de RH da empresa ou para o assistente da pessoa que irá entrevistá-la. Pergunte apenas "Qual é o padrão de vestuário que vocês costumam usar na empresa?". Sua preocupação com esse detalhe causará boa impressão.

2. Ensaie

Dois ou três dias antes, prove a roupa que você vai usar na entrevista, inclusive com os sapatos. Certifique-se de que ela esteja:
 a) adequada
 b) psicologicamente confortável
 c) transmitindo autoconfiança
 d) combinando com seus sapatos

Examine-se com atenção diante do espelho, à procura de imperfeições: barras, punhos, botões e a condição do salto dos sapatos.

O TRAJE PERFEITO PARA UMA ENTREVISTA
(apenas uma palavrinha)

A era do "vestir-se para o sucesso" tornou o "traje para entrevista" sinônimo de algo pejorativo, referindo-se ao *blazer* mal ajustado usado em conjunto com uma blusa branca e uma saia de tecido duvidoso juntamente com a gafe final: um grande laço no decote da blusa. Ter a intenção de vestir as mulheres com o mesmo uniforme usado há décadas pelos homens, e assim torná-las "empregáveis", lançou uma espécie de "maldição" para a possibilidade de "traje de negócios" e de "chique" serem termos algum dia usados para descrever o visual de trabalho.

Atualmente, consideramos esse tipo de roupa engraçada não apenas pela maneira como ela desumanizou e neutralizou as mulheres, mas também por ela haver representado a crença cultural de que o mundo pertencia aos homens e de que as mulheres só poderiam ser bem-sucedidas imitando-os. Obrigada, feminismo, por livrar o mundo não apenas desse traje, mas também dessa crença!

SEU ENTREVISTADOR SERÁ UM HOMEM OU UMA MULHER?

As mulheres costumam prestar mais atenção a roupas do que a maioria dos homens. Uma entrevistadora provavelmente ficará mais ligada no "quociente de moda" e na qualidade do tecido de sua roupa, assim como no fato de ela ser ou não adequada. Ela notará que você está usando a calça que ela viu em uma vitrine do shopping na semana anterior e vai se lembrar do preço. Ela salientará para si mesma que você removeu a barra italiana da calça e que o *blazer* ficou ótimo com a blusa lilás. Essas impressões podem ou não fazer diferença para ela durante sua entrevista para o emprego, mas são um fator a ser levado em conta.

Os homens notam principalmente se algo está sexualmente inadequado (surpresa!), importando-se menos com o fato de sua roupa ser ou não de grife.

Detalhe: se você for entrevistada por uma mulher, não será uma boa idéia ir muito mais bem vestida do que ela provavelmente estará.

QUE IDADE TEM SEU ENTREVISTADOR?

Não se preocupe muito com esse detalhe, pois a idade não é um indicador confiável de atitudes ou de expectativas. Conhecer o tipo de empresa é mais importante.

SEU ENTREVISTADOR PERTENCE AO SETOR DE RECURSOS HUMANOS?

Se você tiver de conquistar o coração de um "guardião" do RH da empresa, antes de ser entrevistada por alguém do setor onde você realmente irá trabalhar, vista-se de acordo com o cargo que você pretende ocupar na empresa. Parte do que o pessoal do RH leva em conta é se você "se enquadra" no cargo que está tentando ocupar.

EM QUE REGIÃO DO PAÍS VOCÊ VAI TRABALHAR?

Em um país de grande extensão, é preciso tomar cuidado com o tipo de região onde você vai trabalhar, pois uma regra de vestuário que vale para os locais de trabalho de um Estado nem sempre vale para os outros.

A REGIÃO	O VISUAL
Grandes centros	Sofisticado, moderno, de grife
Cidades menores	Conservador, mas sem muita sofisticação
Cidades litorâneas	Informal, com algumas exceções

SEIS REGRAS PARA QUANDO A DÚVIDA AINDA PERSISTIR

1. Quando estiver em dúvida, opte por um *tailleur*.

Se você tiver receio de que isso a deixe no lado "bem vestido demais" da situação, combine-o com uma blusa mais informal, de uma cor bonita ou branca mesmo. Experimente uma boa camiseta de algodão, uma blusa justa de um veludo leve, uma blusa de gola alta, uma blusa simples de seda ou mesmo uma blusa com alças largas.

2. Se você tiver certeza de que não precisará usar *tailleur*, mas não tiver certeza do que é necessário para causar uma boa impressão, opte por uma saia e um *blazer* de tecidos diferentes.

Essa combinação é "à prova de falhas". Se você achar que vai ficar com uma aparência sóbria demais, ouse um pouco em uma das peças, como uma saia de napa um dedo acima dos joelhos, por exemplo. Ou um modelo de *blazer* inspirado em uniforme militar, em vez do costumeiro modelo com uma única carreira de botões. Um *blazer* de uma cor marcante. Uma jaqueta curta de couro. Um modelo moderno (mas não muito chamativo!) de botas ou de sapatos.

3. Ignore os conselhos para ir com um visual informal.

Mesmo que alguém a aconselhe a ir com uma roupa informal, não siga o conselho. Não existe essa idéia de informalidade no que diz respeito à maioria das entrevistas de trabalho.

4. Revele-se.

Alguma parte de seu visual, sejam seus brincos ou mesmo sua bolsa, deve demonstrar sua personalidade. Brincos de prata que você comprou em uma feira livre, um cinto com uma fivela de formato curioso, um relógio diferente, uma echarpe de um colorido diferente... Tudo de bom gosto, claro. Detalhes desse tipo criam proximidade entre você e o entrevistador e abrem espaço para que ele perceba coisas além daquelas contidas em seu currículo. É sempre bom exibir um traço marcante de sua personalidade.

5. Atente para os pequenos detalhes.

Em uma entrevista, os valores antigos ainda serão os valores levados em consideração. Sapatos, bolsa, asseio (cabelos, maquiagem, dentes, unhas) serão notados, quando não examinados. E embora seja pouco provável que você perca a vaga por uma característica apenas um pouco desqualificadora, como uma linha solta na roupa ou um botão quase caindo, para que fazer seu entrevistador se distrair com isso? (Ou tornar esse o detalhe pelo qual você será lembrada?)

6. Nem mesmo pense em coisas...

Baixas demais. Altas demais. Apertadas demais. Expostas demais. Você sabe.

VOCÊ PODE PARECER CHIQUE DEMAIS?

Sim, se sua roupa não for substancialmente mais elegante do que a de sua entrevistadora, no caso de se tratar de uma mulher. Por que se preocupar com isso? Bem, porque o que ela quer ouvir e perceber é que esse é o emprego de seus sonhos e que você está disposta a se empenhar ao máximo para consegui-lo. Mas se sua aparência for a de alguém que não está precisando realmente do emprego, ou se seu visual transmitir a idéia de que você está de olho no cargo da chefe da chefe dela, você não estará vestida de acordo para conseguir o emprego.

Não que você não deva ter um pouco de ambição. Isso é ótimo, e é até recomendável demonstrar parte dessa sua ambição — com cuidado. É melhor dizer "Eu gostaria de dirigir esta empresa algum dia" do que "Pretendo trabalhar aqui por um ano, e então usar tudo que eu aprendi para abrir uma empresa concorrente".

Por sua experiência e *know-how*, sua chefe potencial sabe que se ela contratar alguém que pretende brilhar mais do que ela, estará preparando uma armadilha para si mesma.

ELES QUEREM VÊ-LA NOVAMENTE! O QUE USAR NA SEGUNDA ENTREVISTA

- Já ficou evidente que você está no caminho certo. Portanto, não use nada radicalmente diferente dessa vez.
- Aproveite o "segundo *round*" para mostrar que você já observou alguns detalhes sobre o código de vestuário durante o "primeiro *round*". Com certeza, você ganhará pontos por ser cuidadosa e responsável nesse aspecto. Estava o entrevistador, seu futuro chefe, usando calça social e suéter? Então deixe o *tailleur* de lado e vista algo um pouco mais informal, como uma calça social e um *blazer* de tecidos diferentes*. Se se tratar de uma mulher que estava vestida com *tailleur*, e você não, opte por um da segunda vez.
- Não vá exatamente com o mesmo visual com que foi da primeira vez. Mesmo que tenha de vestir o mesmo conjunto, vista uma blusa diferente e, de preferência, também um par diferente de sapatos.

---

* Mas se a segunda entrevista for com o chefe *dele,* mantenha o *tailleur*.

CONSIDERAÇÕES FINAIS
As Dez Profissões com Aumento Mais Rápido do Número de Profissionais (1996-2006):

(Fonte: Bureau of Labor Statistics Employment Projections*)

1. Administradores de base de dados, especialistas em suporte para computadores e todos os outros profissionais da área de computação.

2. Engenheiros de computação.

3. Analistas de sistemas.

4. Assistentes pessoais e residenciais.

5. Assistentes em terapia física e corretiva.

6. Ajudantes em casas de saúde.

7. Assistentes na área médica.

8. Especialistas na publicação de materiais impressos.

9. Terapeutas físicos.

10. Assistentes na área de terapia ocupacional.

---

* Órgão do governo americano que realiza esse tipo de pesquisa (N. da T.).

As Dez Áreas Empresariais com Aumento Mais Rápido do Número de Profissionais (1996-2006):

(Fonte: Bureau of Labor Statistics Employment Projections)

1. Serviços ligados à área de computação e de processamento de dados.

2. Serviços de saúde.

3. Relações públicas e de gerenciamento.

4. Serviços de transporte variados.

5. Cuidados residenciais.

6. Serviços de fornecimento pessoal.

7. Água e saneamento.

8. Serviços sociais individuais e variados.

9. Consultórios de profissionais da área de saúde.

10. Serviços de lazer e entretenimento.

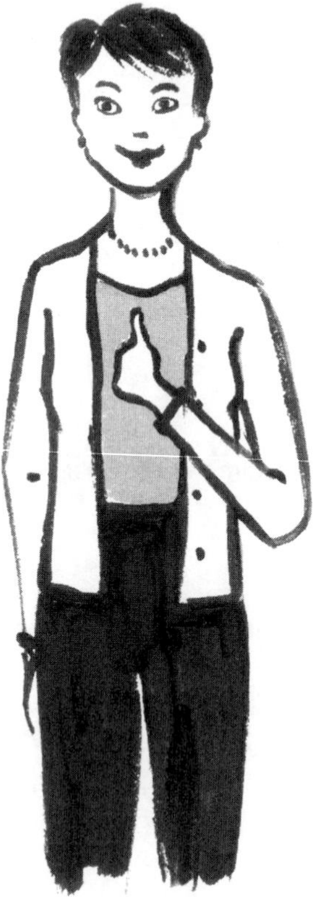

4

Para Parecer Preparadíssima para uma Promoção

Vista-se de acordo com o cargo que
pretende ocupar.

Você cresceu, aperfeiçoou-se e agora tira seu trabalho de letra. Bem, será mais fácil convencer os mandachuvas do lugar onde trabalha de que está pronta para desempenhar um papel maior e melhor se você realmente *transmitir isso na aparência*.

Vestir-se de modo a parecer pronta para uma promoção é uma dessas sutilezas de imagem pessoal que não promoverão ou impedirão diretamente seu sucesso na carreira, mas com certeza não fará mal algum estar sempre atenta a elas. Por que não se dar essa vantagem se é algo tão fácil de ser colocado em prática?

Consulte no Capítulo 3, "Para uma Entrevista de Emprego", o tópico sobre vestuário para quatro tipos de ambiente de trabalho. *A maneira como você deve se vestir para parecer pronta para uma promoção deve estar de acordo com o tipo de ambiente em que você trabalha.*

NO AMBIENTE #1, O CONSERVADOR...
*Estes São os Nove Visuais para Você Parecer Definitivamente Pronta para uma Promoção**

1. *Blazer* formando conjunto, ou não, com calça social.

2. Vestido sob medida.

3. Vestido justo usado em conjunto com *blazer* ou cardigã.

4. Suéter ou blusa em conjunto com saia ou calça social (mas não todos os dias).

5. Conjuntos versáteis de peças que possam ser combinadas entre si, feitas de um tecido condizente com os que são geralmente usados para roupas do mundo dos negócios. Por exemplo: uma blusa leve de tricô e saia ou calça combinando.

6. Visuais incomuns, mas discretos, com jaqueta. Como uma jaqueta cáqui, em estilo safári sobre calça preta.

7. Cores neutras, certamente, embora elas não sejam uma exigência para todos os dias.

8. Sapatos de boa qualidade (não é preciso necessariamente usar salto alto todos os dias, mas procure usar sempre o melhor do estilo que escolher).

9. Uma bolsa prática, mas elegante, que combine com todo tipo de roupa.

---

* Se você não quiser se preocupar com isso, opte por uma roupa sempre arrematada por um *blazer* quatro dias em cada cinco e você não correrá maiores riscos.

E Estes São os Oito Que Não Devem Ser Usados na Busca de uma Promoção

1. Qualquer peça que já tenha sido usada demais.

2. Qualquer coisa de uma grife suntuosa demais (um visual tipo Armani provavelmente não é muito adequado para o seu dia-a-dia no trabalho).

3. Excessos: saias curtas demais, decotes cavados demais.

4. Vestidos chamativos: modelos de verão, de alças, com estampas florais.

5. Calçados de má qualidade: exageradamente comerciais, baratos, de modelo esportivo.

6. Calça que saia do padrão mais sóbrio, como a calça fusô, calça larga demais ou modelo *saint-tropez*.

7. Com estampa imitando pele de animal em um dos itens principais, como uma blusa ou uma saia (nos sapatos ou em uma echarpe, tudo bem).

8. Combinações que pareçam não seguir nenhum padrão, como peças de cima e de baixo cujas cores e formatos não combinem.

NO AMBIENTE #2, O CORPORATIVO INFORMAL
Prossiga Com...

1. Qualquer um dos itens listados entre os "nove visuais aconselháveis", citados anteriormente.

2. Variações informais. Por exemplo: calça cáqui e um *blazer* sob medida; calça reta, blusa de gola alta e sapatos de salto médio; vestidos sob medida.

3. Formas clássicas feitas com tecidos modernos ou incomuns, como uma camiseta de veludo, um *blazer* de algodão sintético, calça básica de náilon (não do tipo para fazer ginástica!).

➤ Em um local informal de trabalho, você não tem de usar *blazer* com calça ou saia social todos os dias para demonstrar que está pronta para ser promovida. No entanto, precisa saber usar esse visual nos dias certos, como quando houver uma reunião com o pessoal da chefia ou quando você estiver realizando algum trabalho de supervisão.

Mas Evite...

1. Os itens da lista "Estes São os Oito Que Não Devem Ser Usados na Busca de uma Promoção".

2. Usar peças esportivas ou informais mais de uma vez por semana. Por exemplo: camisa pólo, blusa sem mangas, tênis, estampa floral, suéter largo, jeans.

3. Usar peças da moda informal mais de uma vez por semana. Por exemplo: calça larga, calça justa, estampa imitando pele de animais, camiseta com estampa de foto ou blusa com estampa mais colorida.

4. Confundir peças sedutoras com peças informais. Por exemplo: blusas colantes, saias e blusas esvoaçantes.

> Confira o Capítulo 2, "Em um Local Informal de Trabalho", para mais sugestões sobre o visual do dia-a-dia em locais informais de trabalho.

NO AMBIENTE #3, O AGITADO AMBIENTE DE CRIAÇÃO...

Os "sim" formam uma longa lista, limitada apenas por seu próprio olhar crítico, por sua coragem e por seu nível de conforto. Esses locais de trabalho são abertos para quase tudo.

Os "Não"

1. Parecer abertamente provocante.

2. Usar peças combinando demais.

3. Aparecer com visuais extremamente diferentes ao longo da semana. Por que isso seria um problema? Porque daria a im-

pressão de que você ainda não está muito segura quanto a si mesma, e que, por isso, não seria confiante nem confiável o suficiente para adquirir mais responsabilidade.

NO AMBIENTE #4, O PADRONIZADO...
Impera a praticidade

Para parecer pronta para uma promoção...

Simplesmente use o uniforme, talvez com um detalhe pessoal que a faça se destacar, *desde que* isso não atrapalhe seu desempenho e sua oportunidade de promoção. Uma enfermeira pode acrescentar uma echarpe discreta ao uniforme, uma antropóloga trabalhando em campo pode usar um par de meias mais colorido com suas botas de caminhada, uma professora de ginástica aeróbica pode usar uma blusa mais colorida e marcante quando não estiver dando aula.

Os visuais "não-promocionais" são formados por...

Qualquer peça que não seja prática ou que interfira no desempenho de seu trabalho, incluindo sapatos, acessórios (cinto, brincos, braceletes, colares), cores e tecidos. Por exemplo: roupa justa em excursões da empresa? Não. Vestido de alcinhas para a chefia da cozinha de um restaurante? Sinto muito, mas nem mesmo sob as graças de seu chefe. Um pingente chamativo para uma chefe de enfermaria? Má idéia.

Bata preta para a recepcionista de um consultório pediátrico? Hum... Sandálias para uma policial feminina? Deus, onde você está com a cabeça?

Esse tipo de gafe transmite a seu chefe a idéia de que você não tem noção da responsabilidade de seu cargo e muito menos da de um cargo acima do seu.

LEMBRETE ÀS BUSCADORAS DE PROMOÇÃO

Em qualquer tipo de ambiente de trabalho e em qualquer nível de carreira, a boa qualidade é um importantíssimo indício promocional. Usar roupas e sapatos de boa qualidade é prova de que você investiu em sua imagem e também é prova de que você está comprometida com seu trabalho e de que se importa com a posição que ocupa.

Por fim, vale lembrar que qualquer coisa que pareça sedutoramente sugestiva é sempre desaconselhável para quem busca uma promoção. Isso inclui, por exemplo: decotes ousados, parte da barriga ou das costas aparecendo, *tops* de qualquer tipo (eles podem até ser apropriados para a praia ou para criar um clima de sedução, mas não para o trabalho) e assim por diante. Mas aposto que você já sabia disso.

P.S.: ISSO TUDO REALMENTE IMPORTA?

Muitas mulheres — talvez até você — conseguiram ascender no trabalho sem haver se preocupado muito em demonstrar na aparência que desejavam ser promovidas. Em geral, isso acontece nos cargos mais baixos. A pessoa promovida logo assume a necessidade de se mostrar mais enérgica, como parte de suas novas responsabilidades, e ocupa o novo cargo preocupando-se apenas em comprar algumas peças novas para o guarda-roupa. Você pode até continuar não se preocupando com roupas como um fator de competição nos níveis mais baixos de sua carreira, mas não nos níveis médios e superiores. Nestes últimos níveis, a maioria de seus colegas já terá percebido o fato de que, sendo as outras qualificações iguais para todos, aquele ou aquela que anda sempre como se estivesse pronta para assumir o novo cargo no dia seguinte — sem precisar de indicação — tem uma evidente vantagem sobre o concorrente que anda como se não desse muita importância para a aparência.

CONSIDERAÇÕES FINAIS

Os percursos relacionados à carreira profissional já não seguem exatamente uma trajetória linear. De fato, eles pouco se assemelham a caminhos, pois lembram mais quebra-cabeças, onde a imagem final não se torna evidente até que muitas peças tenham sido encaixadas no lugar certo.

Muitos conselhos práticos sobre como ascender na carreira e no mundo dos negócios em geral são dados na revista brasileira *Você s.a.*, uma excelente revista direcionada ao público que se encontra em plena atividade profissional, mas com desejo de mudanças e de ascensão na carreira. O endereço do site da revista na Internet é **www.vocesa.com.br**.

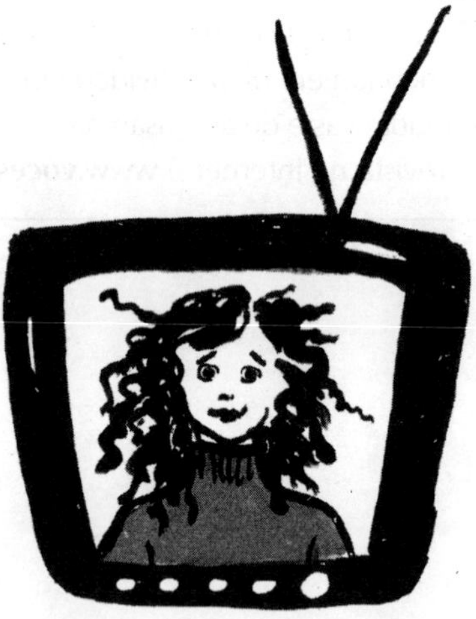

5

Para Falar em Público ou Aparecer na Tevê

Tudo que você mais quer é parecer
charmosa e inteligente, certo?

Um mantra eficaz para aumentar a autoconfiança antes de uma palestra pública ou de uma aparição na tevê é: "Devo saber mais do que eles, do contrário não teriam me convidado". Isso não é suficiente para você? Então tente: "Eles *pensam* que eu sei mais do que eles, portanto irei até lá e fingirei que sei mesmo".

O visual perfeito para se falar em público é um casamento entre quatro elementos: seu estilo, seu propósito em falar, o ambiente físico e a platéia.

NOVE VARIÁVEIS QUE FAZEM DIFERENÇA NO MOMENTO DE DECIDIR O QUE VESTIR PARA MINISTRAR UMA PALESTRA

1. Como é o ambiente? Uma sala de reuniões em seu próprio local de trabalho? Uma estância com centro de conferências? Um salão de um grande hotel da cidade com um centro de convenções?

Suas roupas devem estar de acordo com o local — ligado à área comercial, em um centro urbano, em uma estância etc. Se o local for informal, vista-se com um toque a mais de elegância do que sua platéia. Em uma conferência nas ilhas Bermudas, por exemplo, não use short, opte por uma calça informal (brim ou linho cáqui) e um *blazer* ou uma jaqueta de tecido leve. Se o evento acontecer no escritório, use uma versão mais formal de sua roupa de trabalho no dia-a-dia.

2. De que tamanho é a sala? Não a platéia, mas a sala em si.

Uma sala grande requer uma roupa que transmita autoconfiança e que mantenha as atenções concentradas em você, além de um pouco mais de maquiagem nos olhos e nos lábios, para garantir que mesmo quem esteja na última fileira consiga vê-la com boa aparência.

3. Quem compõe a platéia? Empregados da própria empresa? Clientes potenciais? Altos executivos? O público em geral?

Regra geral: vista-se melhor do que sua platéia. E quanto maior for a platéia (seja dentro de sua empresa ou fora dela), mais formal deve ser sua roupa.

4. Qual é o cenário? Um palanque? Palestrantes sentados atrás de uma mesa? Uma mesa forrada ou aberta? Uma cadeira ou um sofá à vista, como nos programas de entrevista da tevê? O palanque é uma plataforma quadrada, com microfone ao centro, ou é uma mureta à altura dos cotovelos?

A questão é: quanto de você será visto pela platéia? Se suas pernas ficarem visíveis, observe se se sentirá mais confiante com uma saia ou com um vestido, ou então com uma calça, desde que seja permitido mulheres usá-las no evento*. Mas se você só for vista da cintura para cima, tome o cuidado de vestir uma peça que a deixe com uma aparência confiante e bem definida, nada caído, por favor.

5. Como é a iluminação do local?

Sob luzes muito intensas, você deve usar uma camada extra de base ou de pó facial para evitar que o brilho do suor fique muito evidente.

6. O microfone é portátil? Se sim, você vai querer andar enquanto fala?

O movimento natural e devidamente cadenciado pode acrescentar um tom mais enfático à sua apresentação, mas somente se você estiver se movendo atrás da "segurança" de um pódio.

7. Haverá a apresentação de um vídeo enquanto você estiver falando?

---

* Uma calça social com *blazer* combinando fica bem em praticamente todas as apresentações onde não haja restrições quanto a seu uso por mulheres, o caso de eventos de maior formalidade.

Verifique as considerações a seguir sobre o que se deve vestir na televisão. Mas considere os fatores anteriores ainda mais importantes do que estes.

8. O que ou quem você está representando? Sua empresa? Você mesma?

Se você estiver falando em nome da empresa, vista-se de acordo com as normas de sua área de atuação ou de seu local de trabalho, dando preferência àquela que seja mais formal. Se estiver representando a si mesma, vista-se de modo que seu visual fique condizente com o conteúdo de sua mensagem. (Ou então, vista-se diferentemente do conteúdo de sua mensagem — por exemplo, apresentar um assunto muito sério com um leve toque de cor nas roupas pode trazer uma certa leveza à apresentação.)

9. Sobre o que você vai falar? Sobre uma grande novidade tecnológica? Sobre a geopolítica do Azerbaijão? Sobre uma pesquisa a respeito de como as crianças aprendem a amarrar os cadarços dos sapatos? Sobre a apresentação de um novo modelo de PC?

Use o bom senso. Se a mensagem se referir a uma questão de vida ou morte (um apelo para arrecadar fundos para as vítimas de fome na África, por exemplo), não use um vestido festivo e excêntrico. Se você for descrever e apresentar sua viagem de férias no Caribe, não precisa vestir um tailleur *executivo.*

Boas Opções de Escolha para Falar em Público

1. Um conjunto de *blazer* com saia ou calça (do mesmo tecido ou não). O *blazer* deve ter os ombros bem estruturados e não caídos.

2. Em ambientes informais, não há problema em usar uma saia com suéter ou uma calça com suéter sem *blazer*. (Um suéter clássico, finamente tricotado, impressiona mais do que uma blusa.)

3. Para a maioria das mulheres, os saltos — mesmo os baixos — ficam mais apresentáveis do que a ausência deles. Mesmo com calça. Eles a impelem a manter uma postura ereta e a assumir um estado de maior confiança. Além disso, se você estiver de saia, os saltos deixam suas pernas com um formato mais bem torneado, se elas ficarem aparecendo por baixo da mesa durante a palestra.

4. Uma peça com um tom mais intenso não é algo obrigatório, mas cairá bem se combinar com seu estilo. Preto também fica bem. Evite, contudo, tons muito apagados de verde ou marrom. Eles matam a personalidade.

5. Se você for aparecer de corpo inteiro, decida primeiro se quer que suas pernas fiquem visíveis — saia ou calça? (Obviamente uma questão de autoconfiança e de conforto.) Se você usar uma saia (ou vestido), sua meia de seda e seus sapatos terão de deixar suas pernas com uma aparência maravilhosa. Os tons preto e fumê opacos ou da cor da pele são os melhores. Não use meias de seda coloridas. Sapatos modelo chanel são mundialmente elegantes. Cuidado com modelos com salto muito elevado e com

qualquer modificação na tira sobre o calcanhar; eles só ficam bem para quem tem pernas perfeitas ou "quase perfeitas". (A maioria das botas de cano baixo também se encaixa nessa categoria.) Botas de cano alto com saia também ficam bem, mas calça enfiada na bota não.

TEVÊ

Não que seja comum muitas de nós aparecermos na tevê, mas, quando isso acontece, é algo que nos deixa nervosíssimas. Entretanto, a exemplo do que aconteceu ao restante da vida, as regras sobre vestuário para a televisão também relaxaram nos últimos tempos. Ainda assim, o traje social ainda é a melhor opção, dependendo do tipo de programa em que você irá aparecer, claro. Trajar um *blazer* fechado ou uma blusa mais informal dependerá também daquilo que lhe der mais autoconfiança e do tipo de assunto sobre o qual você irá tratar.

As considerações técnicas que acompanham um aparecimento na tevê são tão importantes quanto escolher o traje apropriado para o evento. A luz intensa e todos aqueles ângulos de câmeras não beneficiam todos os modelos de roupa da mesma maneira.

SEIS VARIÁVEIS QUE FAZEM DIFERENÇA NO MOMENTO DE DECIDIR O QUE USAR NA TEVÊ

1. Qual é o estilo do programa e de seu cenário? Quais de seus ângulos serão filmados pelas câmeras? O corpo inteiro? Da cintura para cima? Você entrará sob o enfoque das câmeras ou já estará sentada quando o programa começar?

Pense nos diferentes cenários de talk-shows: aqueles em que o convidado aparece de corpo inteiro, como no caso do Programa do Jô ou de Passando a Limpo, de Bóris Casoy, para vocês, brasileiros, e aqueles em que os convidados aparecem atrás de uma mesa, como nos programas de debate em geral. Escolha sua roupa baseando-se no que as câmeras irão filmar.

2. De que cor é o cenário diante do qual vai aparecer? Se houver algum tipo de mobília no cenário, de que cor ela é?

Se você combinar demais com o cenário ou com o fundo, sua imagem não se destacará. (Quanto a contrastes mais intensos, não há maiores problemas, já que a maioria dos cenários de programas de entrevista apresenta cores neutras e suaves.)

3. Alguém vai se sentar perto de você? Quem?

Provavelmente isso fugirá a seu controle, mas se você puder descobrir mais detalhes, melhor. (Dependendo do caso, se descobrir que a outra convidada será Gisele Bündchen, por exemplo, peça para ir ao programa outro dia!)

4. Você vai representar a si mesma ou à sua empresa?

Se você for aparecer como representante de sua empresa, vista-se "a trabalho". Se for representando sua própria pessoa, vista-se de maneira mais pessoal, mas não de modo a prejudicar sua mensagem. (Vai anunciar seu novo livro de receitas práticas para o dia-a-dia? Não use um vestido de baile, por favor.)

5. Seus cabelos são de uma cor chamativa (loiro-platinado, vermelho-vivo, preto-azulado, incrivelmente grisalho ou branco), com formato inusitado (curtinho, bastante encaracolado e cheio,

na altura da cintura) ou estilizado (trancinhas em estilo africano, curto e excentricamente desgrenhado)?

Penteado chamativo é um acessório de destaque, portanto, não deixe outros acessórios (brincos, echarpe, colar) competirem com ele. Ou então sua blusa: **nada de padronagens chamativas** *ou franzidos elaborados.*

6. Sua mãe vai estar assistindo ao programa?

Deixe-a orgulhosa!

O Que Não Fica Bem na Tevê

1. Padronagens muito repetitivas, principalmente aquelas que geram ilusões ópticas, como xadrez muito contrastante, listras e xadrez muito pequeno. *Elas "vibram" diante das câmeras.*

2. Roupas sem formato definido, principalmente com os ombros caídos. *Formas definidas ficam melhor diante das câmeras.*

3. Roupas escuras sem definição entre as peças. Por exemplo: um *tailleur* azul-marinho usado com uma blusa azul-marinha por baixo.

4. Cabelos que:
   a) encubram seu rosto (ou que você tenha de viver afastando dele);
   b) cheios demais, sejam eles longos ou curtos.

5. Cabelos longos com brincos longos. *A menos que seus cabelos permaneçam presos atrás das orelhas, não use brincos compridos.*

6. Acabamentos brilhantes — em tecidos, jóias, em você. *Eles chamam atenção demais e acabam ofuscando sua imagem.*

7. Roupa toda branca. O branco reflete demais as luzes da tevê e deixa a aparência mais "cheinha" do que as cores mais escuras.

8. Um colar de tecido. *Isso chama muito a atenção, ofuscando sua imagem.*

E QUANTO A USAR PRETO NA TEVÊ?

Por que não? O preto é uma cor padrão para todos os trajes sociais, e se você se sente mais confortável e confiante com ela, use-a! Escolha uma roupa com bom caimento e estruturada, para o bem de sua imagem diante das câmeras. E não use uma blusa preta por baixo de um *blazer* preto; uma cor contrastante, como marfim, cinza-claro ou um tom pastel acentuado (não intenso demais, pois está fora de moda!) ficará melhor diante das câmeras.

A melhor coisa que você pode fazer para se preparar para aparecer na tevê é tirar uma foto instantânea ou filmar-se em casa, alguns dias antes da apresentação, vestida com a roupa escolhida. O "test-drive" diante da câmera servirá como um ensaio de como você aparecerá na tela. Tente posicionar a câmera de vídeo ou de fotografia em um ângulo semelhante ao que a câmera principal irá filmá-la durante o programa. Verifique os detalhes na foto/filmagem: cabelos, jóias, linha dos ombros, barras, meias de seda, sapatos. Há algum elemento causando distração? Deselegante?* Mude o que não estiver caindo bem e tente outro artifício.

É PRECISO CARREGAR NA MAQUIAGEM?

Isso dependerá de sua habilidade em conseguir fazer isso sem deixar o detalhe muito evidente. A maioria dos programas tem um maquiador na equipe (que também pode ser um cabeleireiro) que cuidará do mínimo — base, pó, batom — para prepará-la para a aparição diante das câmeras. Mas pergunte com antecedência se será mesmo apenas isso que ele fará. Se você mesma for se maquiar, use uma camada extra de corretivo e de base. Defina bem os olhos e os lábios com tons um pouco mais escuros do que você costuma usar no dia-a-dia, se seu hábito for

---

* Por acaso eu não mencionei que a imagem da câmera pode engordá-la um pouco? Ai, meu Deus... Então esse pode ser o momento de usar uma daquelas maravilhosas *lingeries* que deixam "tudo sob controle". Procure uma que consiga afinar e delinear elegantemente sua silhueta, além de meias de seda que mantenham suas pernas firmes e bem torneadas. Até que vale a pena passar um pouquinho de desconforto durante alguns minutos para ser vista por zilhões de pessoas, não é mesmo?

usar cores mais claras e neutras. Sua maquiagem tem de parecer um pouco mais carregada do que o normal para você porque esse "toque a mais" desaparecerá sob as luzes intensas da televisão e das câmeras, fazendo sua imagem parecer perfeita para quem a estiver assistindo. No último minuto, antes de sair, renove a camada de pó facial e evite brilhos.

P.S. Se você pretende aparecer com uma blusa sem mangas na tevê, cuide para que seus braços estejam em ótima forma e maquiados com pó.

CONSIDERAÇÕES FINAIS

O medo de falar em público é reconhecido pelos psicólogos como uma das principais fobias humanas. Procure ficar descontraída o suficiente para não atropelar as palavras.

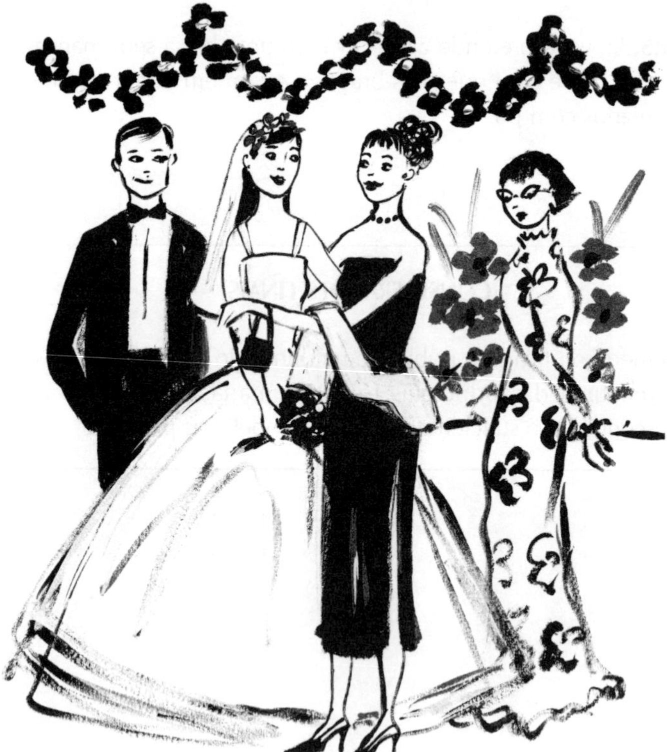

6

Para um Casamento que Não Seja o Seu

Um casamento envolve um ritual e uma cerimônia englobados em uma festa. Escolha a roupa mantendo isso em mente, mas tome cuidado para não "exagerar" no visual.

Talvez Alguns Desses Pensamentos Passem Pela Sua Cabeça Alguns Dias Antes do Casamento:

"É inacreditável que *ela* vá se casar com *ele*!"

"Puxa, detesto essas cerimônias."

"Eles moram juntos há anos! Para que um grande casamento agora?"

"O filho do chefe do meu chefe vai se casar. Deus, eu nem conheço essa gente!"

"Puxa, eles devem ter gasto uma fortuna nisso!"

"Com certeza haverá rapazes bonitos por lá."

E assim por diante. Mas, no dia do casamento, você tem de deixar tais pensamentos de lado e vestir-se de modo a arrasar... Ou melhor, a respeitar o evento.

> No dia do casamento, quem deve brilhar são os noivos. Portanto, mesmo que a festa prometa ser muitíssimo chique, não exagere no luxo.

SIM, VOCÊ PODE USAR BRANCO, SÓ NÃO VISTA UM MODELO QUE LEMBRE UM VESTIDO DE NOIVA

Sugestões:

1. Um vestido reto, de linho branco ou de algum outro tecido discreto, com calçados pretos abertos.

2. *Tailleur* branco com calçados abertos.

3. Vestido branco na altura dos joelhos, casaquinho preto e calçados de salto alto abertos.

4. Calça branca modelo masculino com uma blusa fina tricotada ou um *blazer* em tom metálico de prata, dourado, bronze ou cobre. Calçados abertos.

---

* Não vista *tailleur* branco se houver a mínima chance de que a noiva vá vestir um. Pergunte antes!

> (Pausa para um esclarecimento)
>
> Calçados "abertos" significam sandálias de tirinhas, sapatos chanel (abertos nos calcanhares) e calçados do gênero. Com calça ou mesmo vestidos, os de salto médio ficam tão bem quanto os de salto alto, mas ficam melhor se usados com uma barra mais curta em um evento mais chique.

> Em conjunto com uma calça, os calçados abertos tornam o visual mais sexy e despojado.

SIM, VOCÊ PODE USAR PRETO, DESDE QUE SEU VISUAL NÃO PAREÇA FÚNEBRE

Como? Mostrando um pouquinho do corpo. Braços nus, decote ou costas à mostra amenizam o uso do preto.

Opte por um vestido preto levemente solto ou por um modelo reto, não um *tailleur* preto todo abotoado; ou um modelo preto sem mangas, com um decote à sua escolha, nada de mangas compridas e gola alta; sandálias pretas de salto alto, não sapatos fechados e sem saltos.

SE O CASAMENTO FOR DE DIA, VOCÊ PODE USAR...

Saia um dedo acima do joelho. Se o convite sugerir algo mais formal, opte por um modelo de saia mais comprido.

Calça, mas com cautela. Pantalonas de crepe preto ou de veludo leve, ou calça bege, cinza ou preta de um tecido mais refinado são permitidas, mas nada de usar calça social com a aparência daquelas que você usa no dia-a-dia. Usada com um sapato chanel (essencial!) e uma blusa clássica (de seda, por exemplo), ela cai muito bem.

Veludo. Mas nada de calça justa de veludo!

Jóias discretas (pedras com brilho não "funcionam" durante o dia).

Uma peça para ser usada de dia combinada com uma para ser usada à noite, como uma delicada e impecável blusa de algodão branco usada em conjunto com uma saia de *chiffon*.

SE O CASAMENTO FOR À NOITE, VOCÊ PODE USAR...

Qualquer coisa que não pareça "diurna", como cores neutras demais ou comuns demais.

Barra na altura dos tornozelos.

Pantalona preta. Nada de saias curtas.

Uma peça que mostre um pouco mais de seu corpo, mas que a deixe elegante e que possa ser usada em um casamento, como uma blusa ou um vestido com decote cavado nas costas.

Jóias brilhantes.

Combinações dia/noite, como um casaquinho preto de *cashmere* sobre um vestido de tafetá cor-de-rosa.

Estampas florais somente em tecidos próprios para serem usados à noite, como cetim, seda e tafetá.

Nada de algodão ou de linho estampado.

> É sempre bom pedir uma dica aos noivos um pouco antes do grande dia. ("Se os convidados forem usar roupas de mergulho para a festa, também posso usar?"; "Devo usar uma bolsa de pára-quedas nas costas?")

> Quanto mais chique for o evento, menor deve ser sua bolsa.

Qualquer que seja o horário do casamento, não vista algo que você vestiria para ir trabalhar. Nem mesmo — e especialmente — os típicos saia e *blazer* ou calça e *blazer* do dia-a-dia.

SE O CASAMENTO NÃO FOR TRADICIONAL

Para um casamento na praia, em um dirigível, em um estádio ou em uma fazenda turística, seja contextualmente festiva. Use sandálias sem salto para a festa na praia e deixe de lado as meias de seda. Use jeans na festa da fazenda, mas não um jeans muito usado e desbotado. E por que não usar um longo vestido de cetim para a cerimônia noturna no dirigível?

"SOCORRO! FUI CONVIDADA PARA UMA FESTA 'WHITE-TIE' E NÃO TENHO A MÍNIMA IDÉIA DO QUE ISSO SEJA!"

"Black-tie" e "white-tie" são referências a um tipo de roupa masculina usada em uma ocasião semiformal e formal respectivamente. Mas como acontece com a maioria das tradições hoje em dia, essa definição é aberta a interpretações pessoais (dentro de certos limites, claro).

Quando Estiver Decidindo o Que Usar, Considere:

- A região do país.
- O local da cerimônia.
- O horário da cerimônia.
- A idade da noiva e do noivo e se serão eles ou a família de ambos que estarão recepcionando os convidados.
- A preferência e o tipo de personalidade dos noivos. Eles são conservadores? Excêntricos? Antiquados? Devotados à simplicidade?
- É o primeiro casamento da noiva ou não? Os primeiros são, geralmente, os mais suntuosos.

O QUE FICA BEM?

	BLACK-TIE	WHITE-TIE
Barra acima dos joelhos	sim	não
Barra no meio da panturrilha	sim	sim
Barra longa	sim	sim
Calça	sim[1]	sim[2]
Tailleur com saia na altura dos joelhos	sim	não
Pantalona	sim	sim
Sapatos de salto baixo	sim[3]	sim[4]
Luvas	n.o.[5]	n.o.[6]

---

1. Se eles forem extremamente elegantes ou...
2. ...se forem "dignos de uma estrela de cinema", por exemplo: de cetim esvoaçante, bordada com contas. Calça sem adorno somente se fizerem parte de um modelo feminino de *smoking*.
3. Se eles forem espetaculares.
4. Idem.
5. "Não obrigatório", mas podem ser usadas.
6. "Não obrigatório". Se usá-las, elas devem chegar aos cotovelos ou ir além.

O QUE DIABOS É "BLACK-TIE CRIATIVO"?

Além de ser uma maldição sobre os convidados? Muitas mulheres tremem só de ouvir falar em "black-tie criativo", por considerarem isso um desafio injusto e estressante dentro da moda. Se você usar, digamos, um vestido preto fabuloso mas que não for "incrivelmente criativo", você parecerá (e provavelmente se sentirá) comum e sem graça. Por outro lado, se vestir algo artisticamente demodé, feito de tecido diáfano como, digamos, uma roupa que Isadora Duncan usaria em uma apresentação, você parecerá (e provavelmente se sentirá) ridícula.

Os anfitriões designam o "black-tie criativo" quando querem que você se vista de maneira suntuosa, mas não necessariamente com algo tão previsível quanto um *smoking* feminino ou seus equivalentes. Significa que você terá a liberdade de usar algo atípico sem sofrer nenhum desdém por isso. É geralmente também um sinal de que o casamento (ou a festa) não será extremamente conservador. No entanto, não é um indício de que você deva parecer informal. Mas não se preocupe demais com isso; interprete o "criativo" da maneira que lhe parecer melhor e, se não conseguir, vista aquilo que a deixar mais confortável e divirta-se!

CONCLUSÕES FINAIS

Meia Dúzia de Dicas para Oferecer Presentes de Casamento Criativos

1. Propriedade virtual: oferecer aos noivos uma página na Internet já completamente pronta em homenagem a eles.

2. Proteção: um juramento de nunca contar ao cônjuge A os segredos que você conhece sobre o cônjuge B.

3. Consideração: flores frescas toda semana durante um mês.

4. Pessoal: um voto de amizade fiel mesmo depois que eles tiverem filhos.

5. Incentivo: um fim de semana em uma estância romântica no décimo aniversário de casamento deles.

6. Resolução de conflito: uma moeda de prata para resoluções de "cara ou coroa" do casal.

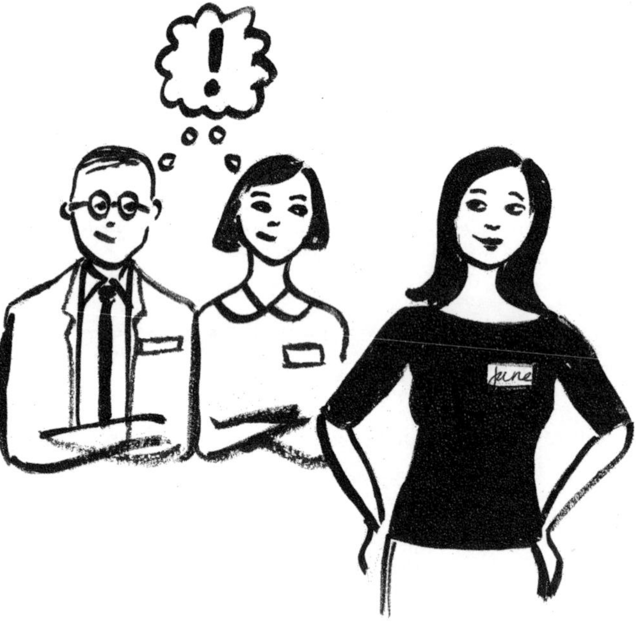
!
June

7

Para uma Reunião entre Amigos

É uma noite para brilhar. Para provocar inveja, arrependimento, descrença. Vista-se para arrasar! Quem se importa se essa é mesmo você, ou não, somente por uma noite?

UMA VERDADE VÁLIDA PARA A VIDA

Há dois tipos de reuniões. Aquela pela qual você espera com nostalgia e ansiedade, não vendo a hora de saber como está todo mundo. O outro tipo também provoca nostalgia, mas você a espera com mais temor do que ansiedade. As reuniões com ex-colegas de faculdade tendem a se encaixar no primeiro gênero, e as com colegas do tempo do colégio tendem a se encaixar no segundo gênero. As reuniões entre ex-colegas de colégio costumam gerar mais ansiedade. Elas nos colocam novamente em contato com aquelas pessoas com quem tivemos namoricos, intrigas e coisas do gênero na conflitante e agitada época da adolescência. Diferentemente das reuniões mais maduras, com ex-colegas de faculdade, aquelas com os ex-colegas de colégio não são para conversar sobre a vida *desde* a graduação, mas para trazer à tona os dramas vividos antes da época de faculdade. E, para muitas pessoas, essa é uma oportunidade de demonstrar fervorosos desejos secretos de acertar contas do passado. Como, por exemplo, vingar-se daqueles que a "torturaram".

> O adágio de que a ansiedade da véspera é pior do que o evento em si com certeza foi escrito por alguém que havia acabado de voltar de uma reunião dessas.

> Atenção! Atenção!
>
> Para obter dicas práticas sobre o que é black-tie e sobre outros códigos suntuosos de moda da atualidade, consulte os Capítulos 6 e 8.

TESTE DE CINCO SEGUNDOS: QUE EFEITO VOCÊ QUER CAUSAR?

Quando você chegar à reunião, quer que os homens sintam _____.
   a. desejo
   b. arrependimento
   c. admiração
   d. todos os itens acima
   e. desconcerto

e que as mulheres sintam _____.
   a. sua sensualidade
   b. inveja

c. amizade
d. alívio por você não estar tão ótima assim

Pronto. Agora você já sabe se seu objetivo é ser a Cinderela antes, durante ou depois da festa.

(Se você não está nem um pouquinho nervosa a respeito da reunião, então... Ei, espere um pouco! Você não foi eleita a garota mais sexy da classe no último ano? (Pelos rapazes, claro.)

Pois trate de manter a fama e de valorizar sua auto-estima vestindo algo que enriqueça seu visual, mas sem exageros. Lembre-se de que o importante é sempre manter a classe!

Cinco Maneiras de Tornar Qualquer Visual Instantaneamente Sexy

1. Saltos — médios ou altos, mas não retos. Use-os mesmo com calça.

2. Nada de bolsa de mão*.

---

* Por que usar bolsa de mão não é sexy? Um, bolsas roubam a atenção de sua pessoa, e isso não é sexy. Dois, a ausência de uma bolsa pode dar a impressão de que, apesar de estar linda, você não se preocupa muito em ficar retocando a maquiagem e coisas desse tipo. Isso é um ponto positivo para sua imagem.

3. Jóias delicadas diretamente sobre a pele, como uma correntinha de ouro sem pingente.

4. Detalhes que exibam "inadvertidamente" um pouquinho de seu corpo. Quando você se vira, seu decote se abre um pouco, revelando parte de seu seio. Quando você anda ou dança, a barra da saia ou do vestido sobe um pouco. Quando você inclina a cabeça para trás e ri, sua blusa (ou a alça dela) desliza sobre o ombro. Captou?

5. Um jeito sexy (mas não vulgar!) de rir.

Seis Maneiras de Parecer Glamourosa

1. Usar um relógio elegantérrimo.

2. Usar jóias de bom gosto, mas de tipos diferentes, não necessariamente combinando entre si. Nada de conjuntos colar-brincos-pulseira.

3. Usar barra na altura dos joelhos, e não curta demais.

4. Usar roupas com caimento impecável.

5. Usar preto.

6. Usar sapatos de ótima qualidade.

Seis Maneiras de Parecer Bem-Sucedida

1. Unhas das mãos e dos pés impecavelmente manicuradas.

2. Um estilo de penteado que combine perfeitamente com você, mesmo que não seja um da última moda*.

3. Um visual sem exibir nenhuma grife.

4. Nenhum relógio.

5. Sapatos de ótima qualidade. (Eu sei, eu já disse isso.)

Sete Visuais Perfeitos para Reuniões Entre Amigos

1. Pantalonas maravilhosas (de brocado, de tafetá, de seda lisa, de seda estampada etc.) com uma blusa simples, moldada ao corpo, e algum item mais suntuoso, como uma jóia, por exemplo, e sandálias abertas.

2. Uma saia elegantemente simples com uma blusa do mesmo tecido ou da mesma cor. Se você optar por tecidos diferentes, escolha para a saia um tecido que molde seu corpo com um caimento perfeito. Nesse caso, a barra um dedo acima dos joelhos fica bem na maioria dos casos.

---

* Um estilo curto mesmo quando os cabelos compridos estiverem na moda; seu estilo chanel "comportadinho", quando os cabelos mais soltos e "desfiados" estiverem na moda; seu estilo cacheado até o meio das costas mesmo quando a sabedoria convencional diga que você deve manter os cabelos mais curtos quando chegar aos quarenta etc.

➤ Com esse modelo de saia, usar uma impecável camisa branca de algodão em estilo masculino também cai muito bem.

3. Um vestido simples, como um modelo reto com alças largas ou fininhas, feito de um tecido que desperte atenção pela elegância do caimento: seda, veludo fino, náilon, camurça fina... Oh, e alguns brilhantes não fariam mal algum!

4. Uma blusa elegante, lisa ou discretamente estampada, com uma pantalona preta, simples, e um modelo sexy de sandálias.

5. Uma elegante blusa branca e uma calça social (ou pantalona) preta. A blusa deve ser de um tecido com ótimo caimento e de um modelo simples, que a deixe impecavelmente chique. Resista à tentação de usar um sutiã preto! (Sempre que possível, opte por um sutiã do tom da pele.)

➤ Se preferir, dê uma reviravolta nessa história de calça preta e opte pelo branco. Uma blusa de um tom pastel com uma pantalona branca ou cáqui (claro, por que não?) formam um conjunto maravilhoso.

6. Pantalonas de seda ou de cetim com uma blusa finamente tricotada com — e isso é importante — sandálias de salto médio ou alto.

7. Um vestido longo, desde que não seja completamente preto. Pode ser reto, ajustado na cintura, em um tom discreto e escuro

de veludo fino; um modelo tipo "estrela de cinema", de cetim cinza-escuro; uma seda encorpada — o importante é que, se for longo, não seja preto e completamente liso.

Espere! Não Use em uma Reunião Entre Amigos...

1. A mesma roupa que vestiu para ir ao trabalho no dia anterior. Ou que você já usou alguma vez para trabalhar. Seu visual não deve parecer "profissional", entende? Um visual mais leve é sempre mais bem recebido.

2. O velho "vestido-curinga" que a conforta nesses momentos estressantes, mas que não a deixa mais bonita e elegante.

3. Uma roupa que você já tenha usado em outra reunião e que seja "velha conhecida de todos".

4. Uma roupa que você tenha usado para ir a um casamento, a menos que seja uma roupa discreta e elegante.

5. Nada muito jovial, como barriga de fora ou uma tiara que a deixe com uma aparência "desesperada".

Você está com uma dúvida cruel na escolha dos brincos? Pequenas pedras preciosas, argolas simples e pingentes delicados são a escolha mais acertada. Pingentes elaborados demais tendem a "rebuscar" seu visual; já brincos de pressão delicadamente trabalhados não pesam muito no visual.

Surpresas Que Funcionam

1. Jeans sexy, bem moldado ao quadril, desde que seja escuro e que você o use com sandálias de salto médio e uma blusa simples.

2. Um acessório discreto, não muito sóbrio, algo que a deixe com uma aparência descontraída e que provoque um riso ou sirva de motivo para iniciar uma conversa. (Você é dona de restaurante? Esses brincos em formato de garfo e faca... Você viaja muito a trabalho? Essa pulseira com vários símbolos de cidades...)

3. Um broche com uma foto engraçada tirada em sua época de estudante.

P.S. Mesmo depois de tudo o que foi dito (mesmo em relação às "vingançazinhas", sobre parecer glamourosa, bem-sucedida e tudo mais), o ponto mais importante é você ficar de bem com seu passado. Para conseguir isso sinceramente, e para demonstrá-lo, você tem de se sentir dona de seu presente. Vá à reunião, acima de qualquer outra coisa, como você mesma. Mostre o que há de melhor em você.

CONSIDERAÇÕES FINAIS

Sete Coisas Que São Ditas nas Reuniões Entre Amigos dos Filmes e Que Você Não Deve Dizer na Vida Real

1. "O que aconteceu com seus cabelos?"

2. "Puxa, como você engordou!"

3. "Nunca fui muito com a sua cara."

4. "Você era mais bonita na época do colégio."

5. "Você não tinha esses pneuzinhos na época do colégio."

6. "Você não repetiu o segundo ano do colégio?"

7. "Engraçado, mas não me lembro de você."

8

Para uma Festa, Qualquer Festa

Desde um churrasco com os amigos
até uma festa black-tie.

Que festas você tem pela frente? Aquele churrasco entre amigos, um baile de formatura, uma festa de gala e uma reunião informal na casa de praia de um casal de amigos? Puxa, sua agenda anda um bocado cheia, não? Ah, e não se esqueça daquela festa beneficente anual que aquela sua amiga dedicada a causas sociais sempre acaba promovendo. Também há os inevitáveis aniversários. Bem, isto se chama ter uma vida social.

Uma primeira dica a respeito do que usar é sondar: até que ponto o convite é extravagante/elaborado/singular? O "espírito" do cartão já é um indício de qual será o clima da festa.

> Atenção, atenção! Se sua dúvida for em relação a uma festa de casamento, consulte o Capítulo 6, "Para um Casamento que Não Seja o Seu".

SEIS FATORES QUE INFLUEM NA ESCOLHA DA ROUPA PARA UMA FESTA

1. Horário

Para um evento ocorrido durante o dia ou no início da noite, raramente é necessário o uso de um traje formal[1]. A maioria das festas formais acontece após as 18 horas. Claro que nem todas as festas que acontecem à noite são formais. Mas, como regra geral, não use roupas apropriadas para um coquetel em uma festa que comece antes das 17 horas.

2. Local

As festas ao ar livre são geralmente mais informais do que as oferecidas em locais fechados. Os espaços públicos dão a idéia de que você está "em público" e, por isso, costumam levar as pessoas a se vestir de maneira menos suntuosa do que em festas mais particulares. Não use um vestido de baile com uma saia de um diâmetro considerável em uma festa pequena, oferecida em um espaço mais íntimo (você sozinha ocupará a sala inteira!). Um local espaçoso, como o salão de

---

1. Um casamento pode ser uma exceção a isso. Consulte o Capítulo 6.

festas de um hotel, comporta bem esse tipo de roupa. As festas mais urbanas são geralmente um local que reúne um conjunto mais variado de pessoas do que as festas de subúrbio ou da área mais rural. Por isso, a variedade de visuais que você encontra nelas (e que pode usar) é mais amplo e excêntrico. Fora dos grandes centros, a escolha dos trajes de festa tenderá a ser mais tradicional.

3. Estação do Ano

O inverno e o outono são as estações mais formais. No verão, todas as exigências relaxam um pouco.

4. É de Caráter Profissional?

Se a festa não for relacionada a trabalho para todos os que estiverem presentes, mas for para você, não se esqueça de levar esse importante detalhe em consideração no momento de escolher o que usar. Comece pensando no que você tem no guarda-roupa que combine com o clima e o cenário da festa, então aplique à roupa todas as regras que você aplicaria para uma roupa de trabalho — sugestiva demais? Informal demais? Curta demais? Etc. Mas mantenha o bom senso, afinal, trata-se de uma festa. Você não precisa usar uma roupa profissional demais. Ainda assim, é bom avisar que um vestidinho simples de alças não fica bem.

5. Há um tema?

Se os anfitriões especificarem um tema, isso significa que eles querem que você vista algo que lembre o tema, mesmo que seja um chapéu engraçado ou coisa do gênero.

6. Envolverá uma cerimônia religiosa?

Casamentos, batizados, primeiras-comunhões e outras celebrações religiosas exigem uma certa sobriedade, pelo menos até o momento da festa em si. Durante esta, não há problema em tirar o recatado cardigã e mostrar suas costas nuas.

★ *Para a maioria das festas mais informais, o truque é não parecer nem pronta para ir à feira ou ao mercado, nem chique demais para o caso de que você realmente tivesse de fazer isso.*

O Que É uma Festa Verdadeiramente Informal?

Aquelas que acontecem "no fundo da casa". Exceto se os anfitriões mandarem armar uma grande tenda no jardim da casa, sinal de que se tratará de uma festa mais requintada.

Reuniões de fim de semana na casa de alguém.

Festas Infantis.

Festas do pijama. (Deus, será que isso ainda existe?!)

Festas onde a maioria presente é de jovens ligados à arte, à área de informática ou então de *hippies* com um pouco mais de idade. Exatamente o oposto de, digamos, uma festa de banqueiros.

Festas em que "cada um leva um pratinho".

Festas relacionadas a eventos esportivos ou em que há algum tipo de atividade física — seja no tema ou no próprio andamento da festa, como entrar na piscina, "pôr o rabo no burro" e coisas do gênero.

Festas para assistir a eventos na tevê. (Entrega do Oscar, final de campeonato, corrida de Fórmula 1 etc.)

Festas oferecidas de dia em casa de veraneio (geralmente as oferecidas à noite também).

Bocas-livres.

O segredo para se vestir adequadamente para uma festa casual é a *intenção*. Vista-se como se estivesse usando aquele visual para a festa intencionalmente, e não como se aquela roupa fosse sua única opção disponível no guarda-roupa para ir à festa.

Cinco Coisas Que Não Devem Ser Usadas Nem Mesmo nas Festas Mais Informais

1. Roupas como aquelas que você veste ao chegar em casa depois do trabalho e que demonstram que você não tem intenção de sair de casa por pelo menos dois dias.

2. Sapatos velhos demais.

3. Qualquer peça que "costumava servir" em você.

4. Uma roupa que mostre mais partes do corpo do que cubra (exceto em festas à beira da piscina).

5. Jeans desbotado e manchado.

UMA FÓRMULA PARA FESTAS INFORMAIS

Escolha um traje básico informal — calça cáqui e camiseta, digamos — e mude uma das peças para uma contraparte menos comum, mais interessante e pessoal. Por exemplo: mude a camiseta por uma blusinha sem mangas preta ou branca. Ou então troque a calça por uma saia justa de napa.

Sapatos inusitados também são uma ótima maneira de marcar o visual em festas desse tipo. Tente usar sapatilhas ou então sexies sandálias baixas com short cáqui ou jeans. Ou então mocassins sem meias com uma calça e uma camisa em estilo masculino.

Por fim, considere a possibilidade de ir bem vestida a uma festa informal. Ou de se vestir de uma maneira suntuosa demais para o evento. Tanto cuidado com a aparência provavelmente não será confundido com uma opção "acidental". "Quem é aquela com o vestido de baile?", perguntarão alguns, admirando sua autoconfiança e seu estilo despojado.

★ *Entre as festas definitivamente informais e as formais existem aquelas que vão por um meio-termo, aonde tanto faz você ir bem vestida ou não. Alguns eventos relacionados a trabalho são um exemplo desse tipo.*

Nessas reuniões um pouco menos informais e não muito suntuosas, é sempre mais sábio ir mais para "bem vestida" do que para "mal vestida". Parecer que você não dá a mínima para a atmosfera da festa pode ser um insulto (às vezes intolerável) para o anfitrião.

O Que É uma Festa Intermediária?

Festas com jantar informal.

Coquetéis depois de um dia de trabalho.

Uma típica festa de aniversário para um adulto.

Festas em restaurante.

Festas tradicionais: formatura, primeira-comunhão etc.

Chás de cozinha e de bebê.

Celebrações de acontecimentos da vida: um novo emprego, uma promoção, inauguração de uma nova casa, uma despedida etc.

Inauguração de galeria de arte.

Festas de sábado à noite.

ERROS DE ESTILO TÍPICOS QUE DEVEM SER EVITADOS NESSE TIPO DE FESTA

1. Não demonstrar por meio de algo que você esteja usando que se trata de um momento festivo.

Que tal um par de sapatos sexy? Um top sem mangas que você não usaria no trabalho? Uma saia esvoaçante? Um magnífico colar étnico?

2. Confundir simplicidade com minimalismo.

O minimalismo é um movimento sutil e intelectual da moda em que as roupas simples se tornam interessantes por meio de tecidos fabricados com tecnologia e/ou um tipo incomum de costura. Assim sendo, trata-se de peças simples, que precisam de acréscimo de algo "interessante" para parecerem chiques. Acrescente um detalhe elegante, como um punho bordado, sapatos chanel — algo bem feminino.

3. Vestir exatamente a mesma roupa que você usou para trabalhar naquele dia.

Isso não será problema se a festa for imediatamente após o trabalho, quando se espera que os convidados estejam com a mesma roupa do trabalho. No entanto, torna-se um problema se a festa for às 21 horas, por exemplo, ou se o convite especificar: "Traje Social".

4. Vestir exatamente o que você usaria para ir trabalhar, embora a festa seja oferecida em um domingo à tarde.

Nada é mais depreciador quanto tentar fazer uma roupa de trabalho passar por uma de festa no fim de semana.

5. Parecer sexy quando a situação não permitir.

Um vestido de coquetel não fica bem em um chá de bebê. Um vestido simples cai melhor. Não se trata de uma questão de cafonice exatamente, mas de reconhecer a natureza da situação e a adequação da mensagem visual que você está enviando aos outros.

VOCÊ FICARÁ ÓTIMA SE...

Um item que você estiver usando for acertadamente mais elegante (pode ser até seus sapatos!). Exemplos: Uma saia "festiva" de brocado ou uma calça estampada com um cardigã liso de *cashmere* ou uma blusa de tricô lisa. Ou então uma saia ou calça lisa com uma blusa estampada, no lugar da roupa de trabalho.

Cinco Boas Apostas para uma Festa Intermediária

1. Vestido reto, liso, na altura dos joelhos, sapatos chanel (sem meias de seda se o clima estiver quente) e uma pulseira interessante.

2. Saia elegante de jérsei, abaixo da panturrilha, blusa fina de tricô e sapatos de salto médio.

3. Calça cinza, blusa de tecido prateado, sapatos pretos de camurça — modelo *nobuck* ou *scarpin*.

4. Vestido moldado ao corpo, com algum detalhe bordado ou de uma cor marcante, com um colar de contas ou de pérolas, sandálias de salto médio ou sapatos abertos apenas nos dedos.

5. Um *tailleur*, uma solução adequadamente tradicional que não precisa necessariamente parecer tradicional. As mulheres mais jovens podem usar um conjunto de estilo mais leve, do tipo Armani (prático e elegante) de calça e *blazer*. Ou uma saia marfim de um tecido com bom caimento e um *blazer* ou casaquinho combinando. Atenção: o preto não fica bem nesse caso. Dependendo do estilo, o preto parecerá profissional ou suntuoso demais. Azul-marinho é aceitável, mas os tons pastel são os melhores.

★ *Uma regra para festas de trabalho: não se divirta demais! Seja sempre discreta.*

★ *Mesmo que o ambiente pareça informal e o champanhe esteja sendo servido à vontade, se você estiver ali devido a seu traba-*

lho, é bom que sua roupa seja uma versão black-tie daquela que você usa para trabalhar no dia-a-dia.

Coisas que Não Devem Ser Usadas em 99 Por Cento das Festas de Trabalho*

1. Decote ousado, colã ou qualquer outra peça que pareça dizer: "Olhe para meus seios".

2. A mesma roupa que você usou para trabalhar naquele dia, a menos que a festa aconteça logo em seguida ao expediente e não seja muito formal.

3. Mais do que uma jóia com pedras brilhantes.

4. Um decote traseiro quase chegando às nádegas.

5. Uma minissaia chegando somente até o meio da coxa.

6. Uma camisa de algodão em estilo masculino.

7. Roupa cáqui.

8. *Lingerie* exposta.

---

* Pule esta parte se você fizer parte do mundo artístico!

9. Qualquer peça com a qual você já tenha visto Mariah Carey ser fotografada.

Coisas que Ficam Bem em Qualquer Festa de Trabalho

1. Braços nus.

2. Decotes (mas não cavados!).

3. Sapatos sexies.

4. Um vestidinho preto básico.

5. Vestido com alças.

6. Vestido ou blusa tomara-que-caia
   a) bem estruturado o suficiente para se manter no lugar quando você tiver de se movimentar;
   b) nada de costurar o sutiã por dentro do tecido!

7. Calça preta básica e uma blusa elegantemente estampada.

8. Uma blusa com decote nas costas, desde que a frente e os lados fiquem cobertos. (Um teste para saber se não acontecerá nenhum "desastre" é levantar os braços na frente do espelho e ver se a blusa continua cobrindo o que tem de cobrir.)

9. Um tecido mais brilhante, desde que usado com uma peça mais opaca por baixo.

10. Usar maquiagem discreta.

★ Não tem idéia do que usar em uma festa de gala? Consulte a tabela "O Que Fica Bem?", do Capítulo 6.

Coisas que Nunca Devem Ser Usadas em uma Festa de Gala

1. Aquele visual de trabalho, incluindo os sapatos.

2. Um *tailleur* preto na intenção de fazê-lo parecer um *smoking* feminino, mas sem nenhuma tentativa de aprimoramento — sandálias de salto alto de tirinhas, uma blusa com brilho etc.

3. Um vestido de verão.

4. Minissaia. Em festas de gala somente vestidos longos (preferíveis) e pantalonas caem bem.

5. Uma bolsa usada no dia-a-dia.

6. Uma bolsa com mais do que vinte centímetros de comprimento e dez ou quinze de altura.

7. Saltos plataforma.

8. Qualquer coisa que revele sua *lingerie*.

9. Brincos de pressão chapados (aqueles parecidos com botões de *tailleur*).

10. Tom pastel, a menos que se trate de um tecido muito elegante — tafetá, *chiffon*, veludo, cetim etc.

➤ Se seu decote for tomara-que-caia e seus seios forem um pouco volumosos, considere a possibilidade de usar um bustiê, em vez de um sutiã sem alças. Eles são mais confiáveis. Quando estiver provando um sutiã sem alças ou um bustiê, mova os braços e mexa-se enquanto anda para testar o grau de "segurança" da peça. Para sentir-se ainda mais segura, leve o vestido consigo e prove-o juntamente com o bustiê ou o sutiã.

Seu corpo é como o de Jennifer Lopez? Então não leia esta parte. Ah, não é? Então, continue lendo. Por uma questão de bom gosto, é preciso tomar certos cuidados quando você quiser parecer sexy ou quiser revelar o formato de seu corpo ou mostrar um pouco mais de sua pele. Mas não ao mesmo tempo! Se uma roupa for justa e curvilínea, não deve, ao mesmo tempo, mostrar partes do seu corpo. Se mostrar uma parte do corpo, também não deve ser muito justa.

★ *Mas quando você é a anfitriã... tem o direito de usar o que quiser!*

Mas Para o Caso de Você Querer Algumas Dicas Mesmo Assim...

- É melhor estar um pouquinho mais bem vestida (não menos) do que seus convidados provavelmente estarão.
  Se a festa for oferecida em sua casa, e mesmo que seja declaradamente informal, você pode usar uma festiva saia longa e uma blusa lisa ou algum outro item que a distinga e a deixe com uma aparência de anfitriã.

- Mesmo que a festa seja oferecida em sua casa, você deve usar sapatos elegantes. Nada de "vestir algo mais simples só porque está em casa". Se quiser ter conforto, escolha sapatilhas elegantes, sapatos de camurça ou algum modelo com um detalhe que a diferencie em meio às pessoas.

  Na verdade, você sempre deve usar sapatos elegantes em qualquer tipo de festa. Por que escolher sapatos que você usaria para participar de uma gincana se você é a dona da festa?

- É seu dever consolar qualquer convidada que tenha "errado" no tipo de roupa escolhido para a festa.

  Faça alguma coisa assim que notar o embaraço dela — faça uma brincadeira, finja que são os outros que entenderam mal, qualquer coisa. Se ela não conseguir lidar bem com a situação, aja rápido: ela está bem vestida demais? Ela errou nos sapatos? Está mal vestida? Errou nos sapatos? (Hum? Ah, estou sendo repetitiva? Bem, é que os sapatos são o toque final para valorizar ou arruinar uma roupa.) Se for esse o problema dela, e se vocês tiverem a sorte de calçar o mesmo número, empreste um par de sapatos a ela e pronto. Se não for esse o caso, tente fazer a pessoa sentir-se à vontade. Afinal, você é a anfitriã da festa.

O objetivo de qualquer festa é levantar o astral, não baixar!

CONSIDERAÇÕES FINAIS

Doze Dicas de Presentes Incomuns para uma Anfitriã

1. Uma versão exótica de algo comum, como uma garrafa de água de algum lugar remoto, uma caixinha com um tipo de chá místico, um vidro artesanal com azeite escandalosamente caro, vinagre balsâmico etc.

2. Potinhos com ervas (pelo menos três).

3. Um conjunto pequeno, mas ajeitado e elegante, de utensílios de cozinha incomuns para o uso no dia-a-dia, como um descascador de limão, cortador de massas, o modelo mais novo de um saca-rolhas etc.

4. Um porta-retratos charmoso e artesanal.

5. Um conjunto de preciosidades práticas, como um estojo com pincéis de maquiagem ou uma *nécessaire* com itens para viagem.

6. Um porta-incenso elegante e incensos cujo aroma você sabe que ela adorará.

7. Um conjunto com seis toalhas de banho dessas que são prensadas e vendidas em pacotinhos para serem abertos na água. Escolha cores ou padronagens vibrantes, que a façam lembrar de você ao usá-las.

8. Um CD que você adore e que tenha certeza de que ela também vai gostar.

9. Uma flor em botão, ou uma única margarina, em um vaso maravilhoso.

10. Uma pequena preciosidade para os filhos dela. Não há maneira melhor de agradar uma mãe do que presenteando seus filhos.

11. Sementes ou mudas de plantas exóticas para o jardim dela ou um vaso com flores maravilhosas.

12. Uma coleção de ímãs de geladeira engraçados que divirta tanto ela quanto os filhos.

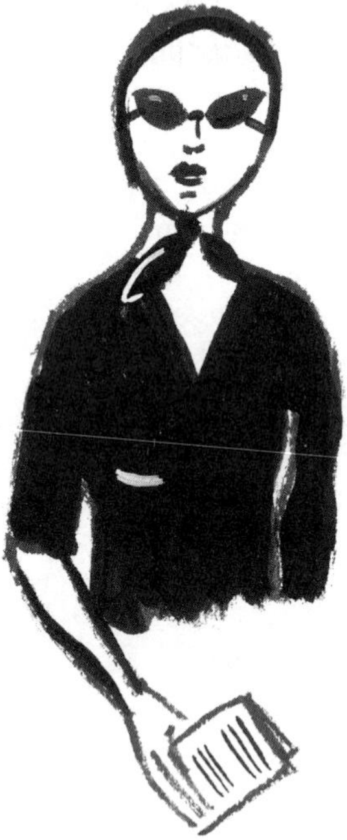

9

Para um Evento Fúnebre ou uma Cerimônia em Memória de Alguém

Dicas práticas de como prestar homenagem
aos mortos sem ofender os vivos.

> *"Eu sempre vou ao funeral dos outros; do contrário, ninguém irá ao meu."* — Yogi Berra

O PRETO É SEMPRE O MAIS APROPRIADO PARA SE USAR EM UM FUNERAL?

Sim, exceto se a família ou o cônjuge da pessoa falecida fizer um pedido específico para que ninguém vista preto. Ou então se houver um pedido do tipo: "Use aquilo com que meu tio sempre adorou vê-la vestida".

SÓ QUE O PRETO NÃO TORNA TUDO AUTOMATICAMENTE ACEITÁVEL

Estamos falando de morte aqui, portanto, vale a regra da sobriedade e da simplicidade.

Não use:
- Um vestido preto sensual.
- Qualquer roupa preta sensual.
- Preto de alto a baixo em tecidos próprios para serem usados à noite (cetim, brocado etc.).
- Preto desbotado.
- Agasalho esporte preto.
- Sapatos pretos informais.
- *Lingerie* preta visível.

Desaconselhável, mas sem grandes problemas:
- Jeans preto bem conservado (Se você for jovem e não tiver outra opção).
- Sandálias pretas de tirinhas.
- Um vestido preto de coquetel.
- *Tailleur* preto adequado para um coquetel.

O PRETO É SEMPRE UMA EXIGÊNCIA?

A exigência é a sobriedade, não o preto necessariamente. Cores escuras também ficam bem. Cinza, azul-marinho, marrom-escuro, verde-escuro ou vinho são cores adequadas, desde que o estilo da roupa seja solenemente apropriado.

Um leve toque de cor não é problema, desde que não se trate de uma peça-chave de sua roupa. Por exemplo, uma blusa branca ou de tom pastel, se você não tiver uma preta. Mas use-a por baixo de um *blazer* escuro. Mas não um *blazer* branco ou de uma cor chamativa; o mesmo vale para a saia ou a calça.

> Tome cuidado para que seu visual não pareça ofensivo.

Melhores opções:
- Uma roupa preta do dia-a-dia, como:
  - um blazer preto (com saia ou calça preta);
  - suéter e saia ou suéter com calça combinando;
  - um vestido discreto.
- Maquiagem e penteado discretos.
- Preto na parte de cima da roupa e uma outra cor de um tom escuro na parte de baixo. (*Blazer* preto com calça vinho, verde-escura etc.)
- Sapatos pretos clássicos, em perfeitas condições, usados com calça social preta (mas somente se as pessoas estiverem acostumadas a vê-la vestida assim no cotidiano).
- Sapatos sem salto ou com salto médio. Escolha aqueles que ficarem mais adequados com sua roupa.
- Óculos escuros (discretos, por favor!).

PARA UM CASO PARTICULAR

Se for um momento doloroso de perda para você, as roupas que você vestir para o funeral carregarão a lembrança triste e a emoção daquele momento. A cada vez que você se deparar com aquele traje preto, vai pensar: "Oh, a roupa do funeral", e ela provavelmente será deixada de lado para espantar sua tristeza.

Algumas mulheres sentem a necessidade de deixar a roupa de lado por algum tempo; outras até perdem a coragem de usá-la novamente e outras, ainda, querem se livrar dela de uma vez por todas.

Minha opinião é que, ao se vestir para o funeral de um ente querido, a última coisa em que você quer pensar é no que fará com aquela roupa depois. Portanto, use aquilo que a fizer se sentir mais confortável e que a ajude a superar melhor o momento difícil. Quem sabe depois você até resolva usar logo a roupa, por ela fazê-la lembrar da pessoa que você perdeu e por isso deixá-la mais consolada?

CONSIDERAÇÕES FINAIS

Não há melhor maneira de celebrar a vida e o estilo de uma pessoa de estilo do que vestindo em seu funeral aquela que era considerada sua cor preferida. Foi isso o que centenas de pessoas fizeram em 1989, no funeral de Diana Vreeland, lendária editora da revista *Vogue* e fundadora do Metropolitan Museum Costume Institute. Em homenagem a ela, as pessoas foram ao funeral vestidas de vermelho.

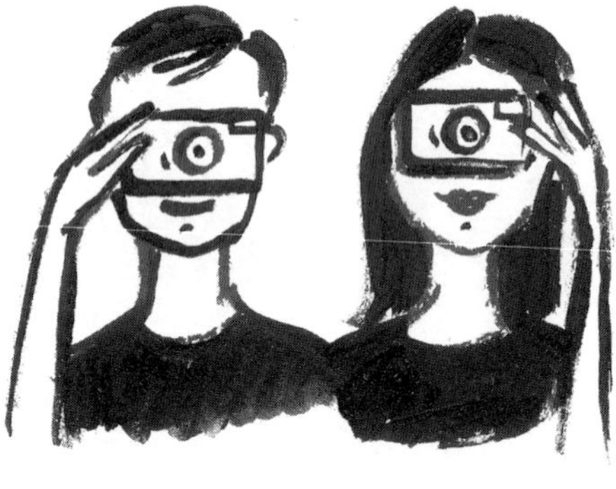

10

Para Evitar a Armadilha do "Ei, Parece Turista!"

Talvez usar aquela camiseta com a inscrição "Eu amo o Rio" não seja a melhor opção.

Vamos deixar uma coisa bem clara: não há realmente nada de errado em parecer uma visitante, se você for uma. (E em algum momento, todas nós acabamos sendo uma.) Turistas são amplamente requisitados e vitais para economias locais. Portanto, são pessoas importantes. Tanto que a maioria dos lugares os recebe de braços abertos.

O que a expressão "parece turista" realmente demonstra é o fato de alguém destoar visivelmente em meio a um grupo de pessoas de um determinado lugar, ou pior: parecer desinformado e ser desrespeitado pela comunidade local. No entanto, embora às vezes seja impossível parecer residente quando você é visitante — um nativo do Alasca, por exemplo, não pode querer parecer familiarizado com a vida no Rio de Janeiro —, é possível se vestir de modo a parecer um cidadão do mundo e passar meio "despercebido pela multidão" em qualquer lugar.

Quando você diz que não quer parecer uma turista, está querendo dizer que não quer parecer "um peixe fora d'água", certo?

Sete Itens que Denunciam um Turista

1. O visual de agasalho esportivo.

2. Boné ou viseira.

3. Jeans desbotado e surrado — seja calça, jaqueta ou camisa.

4. Bolsa a tiracolo com a alça cruzando o peito e presa firmemente sob o braço.

5. Uma camiseta, boné ou agasalho com uma inscrição do tipo "Lembrança de Tal Lugar" escrita em letras garrafais. Ou algum *suvenir* que seja vendido em algum comércio local.

6. Short cáqui tipo safári.

7. Calçados esporte, novinhos em folha, usados com qualquer um dos itens acima*.

---

* Compreensivelmente, calçados confortáveis são a marca registrada do turista em todo o mundo. Se você decidir usar um típico Nike, Adidas etc., não o use com qualquer um dos itens listados acima, se não quiser ficar com visual de turista.

Doze Dicas Confiáveis para Parecer à Vontade em Qualquer Lugar do Mundo

1. Seja simpática, sorria e aparente tranqüilidade, autoconfiança.

2. Use roupas básicas simples. As diferenças de estilo já não são tão grandes assim no planeta — detalhe nada mau para um turista.

3. Use calçados confortáveis, mas que não sejam de nenhuma marca esportiva conhecida. Mocassins, sapatilhas e sapatos esportivos em geral caem bem. Tênis discretos também.

4. Use uma bolsa a tiracolo simples, com uma alça comprida o suficiente para você cruzar sobre o peito (não de maneira apertada!), ou uma mochila para carregar mapas, um guia turístico, protetor solar, câmera de vídeo ou fotográfica, água, comida, telefone celular... Esse tipo de coisa.

5. Opte por cores neutras, baseando-se no clima e no grau de urbanismo do lugar que você esteja visitando*. Nos centros cosmopolitas: preto, azul-marinho, cáqui, marrom-claro, cinza. Em cidades menores: todas menos preto. Em cidades e áreas mais abertas: verde intenso, marrom-claro, cáqui e branco. Em áreas mais rurais: cáqui, marrom-claro, azul-marinho. Em lugares mais descontraídos e de clima quente: cáqui e branco. Esses detalhes também facilitam bastante a arrumação da bagagem.

---

* Se quiser acrescentar um pouco de cor ao seu visual, é uma verdade universal que quanto mais você se afasta do sul de um país, mais intensas são as cores das vestimentas.

6. Se usar jeans, opte por um novinho, ainda escuro, e não desbotado*. Além de azul, ele também pode ser preto ou branco, de acordo com as dicas do item 5.

7. Se usar bermuda, ela não deve ser mais curta do que uns sete centímetros acima dos joelhos.

8. Não use bermuda nos lugares mais freqüentados dos grandes centros cosmopolitas, como Nova York, Londres, Paris, Roma, Hong Kong e Tóquio.

9. Leve na bagagem mais blusas do que calças, saias e bermudas. Uma nova blusa dá a impressão de que todo seu visual se renovou.

10. Leve também uma capa de chuva em algum cantinho da bagagem. É sempre bom andar prevenida.

11. Se estiver viajando sozinha e não quiser ser "importunada", use uma aliança de casamento mesmo que você não seja casada.

12. Demonstre respeito pelos costumes locais. Procure saber detalhes do tipo: As mulheres do lugar que você vai visitar são proibidas de usar calça, como nos

---

* Fora dos grandes centros, o jeans não é considerado uma roupa apropriada para ser usada à noite, em restaurantes.

países muçulmanos? As saias devem ser longas? Sua cabeça deve ser coberta quando você estiver em público? E os braços? Os pés? É preciso se vestir com mais suntuosidade para jantar?

> Consulte o quadro do Capítulo 3 que designa "A Região/O Visual" que é aconselhável você manter mais genericamente nos lugares que visitar.

> Quanto menor a cidade, mais conservador deve ser seu visual.

CONSIDERAÇÕES FINAIS

Para você que consegue ler em inglês, aqui vai o endereço do site de uma página da revista *Condé Nast Traveler* cheia de dicas do que "fazer" e do que "não fazer" ao visitar países estrangeiros. Os tópicos incluem dicas sobre comportamento e vestuário. Confira: **htttp://www.travel.epicurious.com/travel/d_play/08_taboos/intro.html**

Para conferir dicas desse tipo em português, navegue pelas páginas de turismo dos sites de busca. Você encontrará dicas de muitas agências de turismo e de pessoas que já viajaram para o exterior e que poderão ajudá-la a não cometer "gafes de turista".

11

Em Qualquer Estação, Qualquer Clima

Adeus às regras!

Durante a meia-estação, você deve se vestir segundo o calendário ou segundo a temperatura indicada no termômetro? Depois de três dias sob um calor úmido de quase quarenta graus, é aconselhável usar sua calça de linho branco? É possível não parecer horrível sob uma chuva torrencial?

O DIA EM QUE AS REGRAS FORAM QUEBRADAS

Era uma vez, em um passado distante, um grupo de mães e de pessoas que diziam: *"Não use branco em dia de chuva!"*, *"Não use napa ou couro no verão!"*, além de variações do tipo: *"Calça de couro e suéter são apenas para os meses mais frios"*, *"Você *não pode usar seda no inverno", "Nada de veludo no verão!"*, e assim por diante.

Eram regras confortadoras, ainda que não confortáveis. Elas ditavam como as coisas deveriam ser, sem nada de "mas e se..." ou de "mas...". Ocasionalmente, porém, quando o clima tornava absurda a aplicação de tais regras, as mulheres não conseguiam deixar de se perguntar: "Por que tenho de vestir uma saia de lã só porque estamos no inverno, mas a temperatura está alta? Quem de nós seria louca de usar uma blusa ou saia de lã em uma temperatura de 30 graus, só porque é mês de inverno?". Só que elas pensavam tudo isso em silêncio.

Depois de algum tempo, porém, esse mesmo grupo de mães e de outras pessoas passou a trabalhar fora e as coisas finalmente começaram a mudar. Por um lado, as mulheres começaram a se preocupar mais com o próprio conforto do que com o que era insensatamente declarado como sendo "correto" até então. Por outro lado, elas assumiram a responsabilidade de fazer tais escolhas por si mesmas, sem se deixar dominar meramente por regras. Basicamente, as mulheres passaram a se fazer as perguntas: *"Quem inventou isso?"* e *"Por que diabos não posso?"* a respeito dessas antiquadas regras de moda.

Atualmente, tudo depende do momento. A moda se tornou mais criativa, mais imprevisível, divertida e menos regrada. Usar seda no inverno? Se o dia estiver quente, tudo bem. Lã no verão? Se for isso que estiver sendo pedido naquele dia... Sandálias e jeans em um dia mais quente de inverno? Por que não?

O melhor disso tudo é que muitos fabricantes e *designers* estão cientes de que atualmente as mulheres viajam a negócios para diferentes regiões do mundo, com seus diferentes climas. E mesmo quando não viajam, a falta de tempo não lhes permite comprar roupas variadas para cada estação do ano. Por isso, agora eles elaboram roupas tendo em mente o fator multiestacional.

AQUELAS REGRAS FORAM QUEBRADAS. MAS EXISTEM NOVAS REGRAS?

Não. Que tal usar apenas... bom senso? Pode funcionar muito bem. Por exemplo:

CINCO FATORES A SER LEVADOS EM CONTA QUANDO AS ROUPAS DEVEM SE ADAPTAR ÀS ESTAÇÕES

1. O clima

Se algum dia fizer 30 graus em pleno mês de junho, você vai mesmo deixar de usar aquele *tailleur* de linho só porque é mês de inverno? Claro que não. E se estiver um dia quente naquele finalzinho de julho, na tarde em que ocorrerá o casamento de sua prima, naturalmente você vai usar aquele vestido amarelo de linho, não vai?

➤ As pessoas de mente mais racional atualmente reconhecem que as regras vivem sendo quebradas devido aos imprevistos da realidade. Elas não se importam nem criticam o fato de você buscar seu próprio conforto na hora de se vestir, desde que a roupa escolhida seja apropriada para a ocasião.

2. O lugar

Se o lugar onde você vive é quase sempre quente, aquelas velhas regras se tornam ainda mais ridículas. Se está quente, você deve se vestir de modo a manter o corpo mais frio. Em lugares quentes, um *tailleur* ou uma calça com *blazer* de linho pastel podem ser roupas básicas para todo o ano. Faça apenas adaptações em relação à blusa usada por baixo e aos sapatos, conforme as breves modificações do clima. Em períodos um pouco mais frios, vista uma blusa com gola alta e use sapatos fechados; nos períodos mais quentes, opte por uma blusa branca sem mangas e sandálias ou sapatos chanel. Se você achar que o tom pastel do linho não está muito conveniente com a temperatura do dia, acerte esse detalhe vestindo um conjunto de cor mais escura ou pelo menos uma das peças (*blazer*/calça/saia). As cores mais escuras podem ser azul-marinho, marrom-chocolate, vinho, preto.

➤ Dica: Quando a temperatura a obrigar a usar algo "oficialmente" fora da estação, amenize um pouco a situação usando uma peça que faça parte oficialmente da estação (seguindo as velhas regras).

3. A ocasião

As velhas regras parecem se manter mais firmes para ocasiões públicas do que para o cotidiano do trabalho e dos fins de semana. Isso porque essas ocasiões — casamentos, funerais, festas de gala — são aquelas nas quais há mais probabilidade de você encontrar alguém que possa censurar seu julgamento sobre moda. Você se importa com isso? Se se importar, então abra mão de um pouco de seu conforto. Se não se importar, use aquilo que estiver de acordo com a temperatura.

4. A cor e a textura da roupa
- Os tecidos mais leves e próprios para o verão podem funcionar bem nos dias indefinidos (aqueles com temperatura esquisita e indefinida), se forem de tons escuros.
- Os tecidos mais densos e pesados caem melhor em situações como essa se forem de tons mais claros.

Imagine os seguintes contrastes e você entenderá por que isso funciona:
- Um conjunto de linho, popelina ou *cashmere* (ou simplesmente uma saia, calça, *blazer* ou vestido) cáqui ou branco... e o mesmo item em preto, azul-marinho, cinza-escuro ou marrom-chocolate.
- Um *blazer* de algodão cor-de-rosa tropical... e um verde-musgo.
- Um delicado pulôver roxo... e um amarelo-bebê.
- Calça marfim de veludo cotelê... e uma preta.
- Um *blazer* de lã fina azul-marinho... e um azul-claro.

➤ Dica: Quando o calendário e a temperatura não estiverem em sincronia, use cores que concordem com o calendário e tecidos e/ou texturas que sejam confortáveis para aquela temperatura.

5. O corte e a estrutura da roupa

Roupas desestruturadas são, por natureza, mais confortáveis e arejadas, dando a impressão de serem mais apropriadas para o verão. As roupas sob medida, bem estruturadas e "fechadas por botões", especialmente as de cores mais escuras, caem melhor no outono e no inverno. Se fizer um dia frio em dezembro, o estilo leve de um blazer sem gola e sem ombreiras usado com uma calça social de lã fina a deixará aquecida e elegante ao mesmo tempo. Inversamente, um *tailleur* cáqui feito sob medida e bem estruturado — casaco com três botões e saia reta — usado com uma blusa de tom mais escuro pode deixá-la com um aspecto mais de "outono" em um dia mais quente do outono.

Quinze Tecidos e Texturas Próprios Para o Ano Inteiro

1. Tricô de linha fina, como viscose, náilon, algodão, *cashmere* ou lã — e de combinação entre elas.

2. Brim.

3. Algodão, viscose e malha fina.

> Oh, e ainda sobre aquela antiga regra: não, seus sapatos não precisam necessariamente combinar com a bolsa.

4. Jérsei de poliéster ou de viscose.

5. Seda.

6. Poliéster.

7. Náilon.

8. Jeans.

9. Couro, camurça.

10. Veludo. Fino, para temperaturas mais quentes, e mais pesado para o frio.

11. Gabardine de lã.

12. Crepe de lã.

13. Lã fina.

14. Qualquer uma das lãs acima misturada com poliéster.

15. Veludo cotelê.

NÃO EXISTE ESSE NEGÓCIO DE TEMPO RUIM, APENAS ROUPAS ERRADAS

Na verdade, um tempo radicalmente ruim se torna um problema de estilo mais para aqueles que moram nas cidades do que para os outros. As pessoas do meio urbano geralmente têm de caminhar até seu meio de transporte (quase sempre deixado um pouco longe de onde elas se encontram) ou mesmo para chegar ao local de trabalho. É geralmente nesses trajetos que tudo se torna mais difícil quando está chovendo e você tem de lidar com o guarda-chuva, a bolsa, itens a mais que esteja carregando e, ao mesmo tempo, tomar cuidado para não molhar a roupa, os cabelos e não meter aquele seu impecável par de sapatos em uma poça de água. Puxa, não é fácil. Ainda mais quando essas poças são aquelas grandes o suficiente para serem batizadas com nomes de lagos. Mas, como uma mulher elegante e profissional, você não quer abandonar seu senso de estilo só por causa de uma "chuvinha qualquer", não é? Nenhuma de nós quer.

SEIS COISAS DE QUE VOCÊ PRECISA PARA CONTINUAR BONITA QUANDO O TEMPO ESTIVER RUIM

1. Uma capa de chuva escura, sem amarração na cintura

Se ela tiver uma longa fileira de botões, ótimo, do contrário, opte por uma que seja o mais fechada possível. As emborrachadas são as que mais protegem contra umidade e também as que duram mais tempo. As mais elegantes são as que chegam até os joelhos e não até o meio da panturrilha. Embora seja muito tentador querer usar estas últimas quando está chovendo forte, em nome do estilo é melhor optar por uma mais elegante. O modelo com cintura marcada não é o mais recomendado por limitar o espaço, apertando a roupa que você está usando por baixo e por haver o risco de amassá-la na cintura.

2. Um casaco estilizado

Tem de ser um que a mantenha aquecida, mas que não deixe de ser chique. Um sobretudo versátil, preto, cinza ou marrom-escuro. Nada de cores claras ou de marrom-claro.

3. Botas de cano alto ou de cano baixo

Em dias de chuva, botas são a melhor opção de calçado (se combinarem com sua roupa, claro). Elas acabam cobrindo aquilo que a capa de chuva (que deve chegar somente até os joelhos, por uma questão de elegância) deixa de cobrir. Use as de cano alto com saia ou vestido e as de cano baixo com calça.

4. Botas altas de camurça à prova d'água

Esse modelo de bota costuma ser o mais indicado quando você precisa estar com um visual mais elegante em dia de chuva.

5. Botas de couro

Os modelos de couro mais comuns, sejam eles mais formais ou esportivos, sempre caem bem com calça.

O que calçar para proteger seus pés quando tiver de sair em uma noite muito úmida? 1) Botas de cano alto à prova d'água. 2) Um par de sapatos velhos que você não se importe em molhar. De uma maneira ou de outra, se você tiver a chance de fazer isso, a dica é calçar seus sapatos mais novos ao chegar no carro. Se tiver de andar de transporte urbano, o jeito é agüentar um pouquinho com os sapatos mais velhos mesmo.

6. Chapéu

Chapéus são uma opção bastante pessoal do vestuário; ou você gosta de usá-los ou não. Se você é do tipo que não gosta de usá-los, pode ter de fazê-lo em algum momento da vida, e é melhor estar preparada para isso. No clima frio, e dependendo do lugar onde você estiver, eles são ótimos para mantê-la aquecida. Quando for escolher um para você, experimente vários e escolha somente aquele que se adequar melhor ao formato de seu rosto e a seu corte de cabelo. Um modelo de chapéu mal escolhido pode arruinar todo um visual, e não é isso que você quer para si, certo? Não se sinta obrigada a comprar um chapéu sóbrio demais. Os modelos mais descontraídos também caem bem e podem até se tornar sua "marca registrada".

OUTRAS PEÇAS ÚTEIS PARA O CLIMA FRIO

1. Parca com a parte superior acolchoada

Ótima para ser usada por cima de uma blusa mais leve em dias chuvosos ou frios, a parca é sempre uma peça bastante prática. Casacos acolchoados na parte de cima e que chegam até os joelhos ou o meio da panturrilha também são ótimos para períodos mais frios.

2. Uma longa echarpe de *cashmere*

Echarpes longas, feitas do confortável *cashmere*, são uma boa opção para mantê-la aquecida no inverno. Por serem longas, você pode usá-las dando uma ou duas voltas no pescoço, mantendo-o mais protegido do frio. Se preferir um tecido ainda mais macio, opte por uma echarpe de *plush*.

3. Sapatos resistentes ao tempo

Os sapatos com solado de borracha já entraram para o rol dos itens eternamente chiques. Felizmente, pois eles oferecem muita proteção quando temos de andar no chão frio ou molhado. Tenha sempre em sua sapateira um modelo prático, tipo plataforma mais sóbrio, ou então um modelo clássico (mocassim, *nobuck*) com um solado um pouco mais alto do que o convencional.

E QUANTO AO CLIMA QUENTE?

Além de carregar uma sombrinha consigo, siga as dicas a seguir. (Ei, não estou brincando sobre a sombrinha!)

1. Imagine Lawrence da Arábia atravessando o deserto (tudo bem, Peter O'Toole, se você preferir) e atente para o seguinte conceito: *Roupas esvoaçantes a protegem do sol e permitem que o ar circule em volta de seu corpo.* Os vestidos mais soltinhos são a aproximação mais contemporânea disso. Para dar à sua forma indeterminada um pouco mais de elegância, não se esqueça de usar um modelador feito de lycra e algodão por baixo dele. A cor do vestido deve ser branca ou preta, para um visual mais

sofisticado, ou de um tom pastel para um visual mais leve. Use-o com o último modelo de sandália da estação e ficará perfeita. A altura do vestido deve ser logo acima ou logo abaixo dos joelhos; os mais curtos parecem "ameninados", os mais compridos parecem *demodé*. Vai para o trabalho com ele? Tudo bem, mas somente se o ambiente não for formal. Para acrescentar um toque de charme ao seu visual, vista por cima do vestido leve uma blusa com botões, mas deixe-a aberta e apenas amarre-a na cintura. Seu visual ficará mais leve e sóbrio ao mesmo tempo.

2. Pesquise peças de roupa ligadas a marcas esportivas, como Nike, Adidas etc. Geralmente, elas são feitas de tecidos próprios para eliminar o suor de seu corpo e mantê-la mais fria. Procure peças que possam ser usadas no dia-a-dia, como um *colant* básico, por exemplo.

3. Prefira sempre as *lingeries* de algodão quando o clima estiver quente. Qualquer outro tipo de tecido aumenta a transpiração e a temperatura de seu corpo.

4. Experimente um pouco de aromaterapia. A essência refrescante de uma borrifada de menta após o banho ou de qualquer outra *fragrância que envie a mensagem de "frio" a seu cérebro por intermédio de suas narinas*.

5. Óculos escuros protegem seus olhos da claridade e evitam a formação dos pés-de-galinha ao redor dos olhos. Além de lhe conferir um charme especial. Procure modelos que sejam adequados ao seu tipo de rosto e que valorizem os pontos positivos.

6. Tenha sempre *água* por perto para beber. Esse é seu processo de "ar-condicionado interno".

CONSIDERAÇÕES FINAIS

Bem-vinda à era da obsessão pela previsão do tempo! Por que essa mania está se tornando cada vez mais intensa em todo o mundo? Porque nossas estações não são mais tão bem definidas como antes. Provavelmente por causa dos problemas ambientais que andamos tendo no planeta e tudo mais.

Essa mania de olhar a previsão do tempo lembra mais ou menos o "fenômeno do *post-it*": nós não sabíamos que o queríamos até saber de sua existência, e agora não conseguimos mais viver sem ele!

Mas há uma curiosidade a mais nisso: o tempo é basicamente um fenômeno imprevisível, e o fato de nossa vida também ser assim talvez seja o ponto que nos instiga a estar sempre querendo descobrir como ele vai ser. É como se, podendo prever o tempo, pudéssemos ser capazes de prever nossa própria vida. Uma espécie de consolo, ainda que ingênuo.

De qualquer maneira, para você, que é uma mulher atualizada e dinâmica, é sempre bom ficar ligada na meteorologia, para saber se terá que sair para o trabalho com "aquele seu traje de chuva" e "armada" com sombrinha.

Portanto, aqui vai o endereço de um site brasileiro especializado em informações meteorológicas no Brasil e no mundo: **http://tempo.weather.com**.

Pelo menos ao consultá-lo você deixará de fazer comentários do tipo: "Que tempo feio, não?", e passará a dizer coisas mais substanciais, como: "Segundo as imagens de satélite, o clima em nossa região está...".

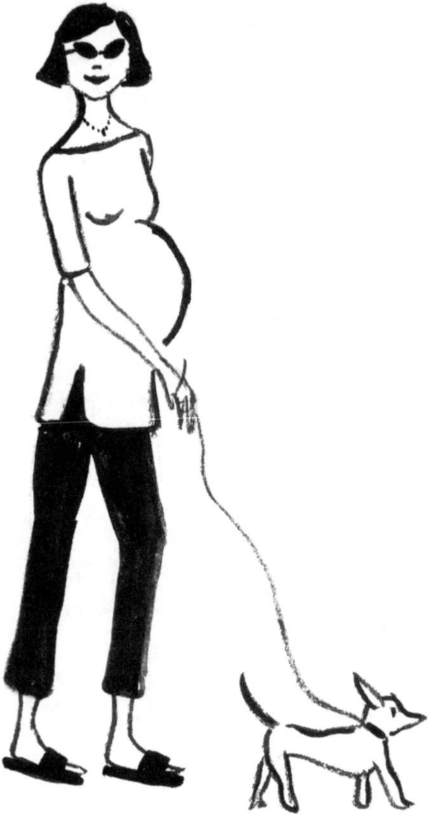

12

Durante a Gravidez

Parabéns!
Bem-vinda a essa incrível maravilha da natureza!

REGRA #1

Não tente esconder sua gravidez, nem conte com roupas para conseguir isso. Não funciona*.

O pensamento vigente atualmente afirma que você deve se vestir não para esconder a gravidez, mas para exibi-la com orgulho e autoconfiança. Há um certo incentivo até mesmo para que se vistam roupas que mostrem a barriga, a exemplo do que fazem muitas estrelas de cinema e de televisão ao descobrirem que estão grávidas.

---

* Tudo bem, talvez funcione por algum tempo, se você não quiser revelar a novidade nas primeiras semanas. Mas somente durante algum tempo!

REGRA #2

Não use aqueles vestidões enormes. Além de estarem fora de moda, eles são uma má escolha, a menos que: a) você seja conhecida por conseguir ficar linda e charmosa usando um vestido com tanto tecido quanto o de uma cortina; b) você tenha certeza de que quer exibir um visual de "mamãe da década de 60".

REGRA #3

Mesmo quando sua barriga estiver redondinha, não vista roupas folgadas demais. Opte por aquelas que delineiem seu corpo discretamente, tornando-a mais bonita. Não é porque está grávida que você tem de perder a vaidade e a elegância, muito pelo contrário! Quer exemplos? Fácil: calça reta e blusa um pouco folgada; uma túnica ou um *blazer* social bem assentado dos lados (é na *frente* que você precisa de uma quantidade extra de tecido!) em conjunto com calça.

REGRA #4

Quando pensar em vestidos, pense em "ajustados" e não "folgados". Se você se sentir à vontade e estiver bem resolvida com o formato de seu corpo, use modelos mais reveladores. Do contrário, escolha modelos tipo túnica, desenhados para acomodar sua barriga sem acrescentar volume à sua silhueta.

REGRA #5

As blusas em geral devem ficar bem assentadas nos ombros. Se elas forem largas demais ou se ficarem caídas, sua silhueta ficará deselegante. Vale lembrar que não funciona usar blusas com um ou dois números a mais que o seu durante a gravidez, pois a largura dos ombros da roupa continuará desproporcional em relação aos seus.

REGRA #6

Se preferir usar blusas ou vestidos que não tenham aquele "ar maternal", verifique a altura da bainha na frente. Roupas para gestantes são mais compridas na frente do que atrás, para que o modelo possa cobrir a barriga sem ficar levantado na frente.

Espere! Não Use...

Azul ou rosa-bebê

Vestidos curtos sobre short ou bermuda

Vestidos largos

Estampas tamanho "jumbo"

Peças de jeans desbotado

Calças muito largas

Bainhas na altura do tornozelo

ALIADOS DO ESTILO

1. Peças contendo *lycra*, incluindo meias de seda, *lingerie* e roupas comuns.
   Elas modelam sua forma da melhor maneira, dão-lhe uma sensação maior de segurança e ajudam a tornar sua silhueta mais elegante.

2. Meias de seda próprias para gestantes.
   Elas geram uma sensação de maior conforto, evitando dores nas pernas. Além disso, moldam sua silhueta e a barriga o suficiente para deixá-la mais segura para vestir saia ou vestido.

3. Sutiã modelador (e um que seja sexy!).
   Esse não precisa ser exatamente um sutiã próprio para gestantes. Sutiãs normais em tamanhos maiores funcionam para muitas mulheres nesse período.

4. Roupas íntimas de algodão.
   Elas são mais leves, mais confortáveis e hoje em dia existem lingeries muito sexies de algodão, portanto, não precisa se preocupar em ter de deixar sua feminilidade de lado.

5. Um *blazer* reto e bem ajustado.
   Use os que costumava usar antes da gravidez desabotoados sobre uma blusa simples ou sobre uma túnica reta, para sentir-se mais profissional, determinada, autoconfiante e menos... hum... redonda.

6. Calçados de última hora.
   Pouco do que você calçar durante a gravidez lhe servirá depois, mas seus pés também merecem continuar chiques, ainda que estejam maiores.

DOIS BONS MOTIVOS PARA SE TER UMA COSTUREIRA
(ou para manter agulha e linha por perto durante a gravidez)

- Quando sua barriga crescer além do diâmetro da calça, pode ser que você decida "adaptar" suas calças preferidas acrescentando mais pano a elas. Tenha em mente que se você fizer isso deverá ceder a calça completamente em favor de sua causa porque, uma vez modificada, não haverá como fazê-la voltar a ser como antes. Você pode fazer isso sozinha ou com a ajuda de uma costureira. Se não souber costurar, a dica é que você procure mesmo uma costureira, para evitar maiores desastres.
- Para aumentar a bainha da frente de suas saias preferidas antes da gravidez. Mais uma vez, você precisa pensar se vale a pena o sacrifício (ou o gasto de seu tempo) para alterar uma saia que não lhe caberá mais dentro de poucas semanas.

VOCÊ QUER MANTER SUA GRAVIDEZ EM SEGREDO NO TRABALHO?

Muitas mulheres preferem manter segredo, pelo menos durante o primeiro trimestre, quando a possibilidade de ocorrência de aborto é maior. Boas dicas para serem colocadas em prática nesse período:

- Um *blazer* pode fazer milagres. Use-o aberto sobre um suéter fino, meio solto, com calça ou saia. Não use *blazer* desajustado. Seu *blazer* deve ser sob medida e ajustado no torso, para lhe atribuir uma elegância vertical. (Usá-lo aberto disfarça o fato de você não poder mesmo usá-lo fechado.)
- Um novo sutiã. Seus seios se tornarão bem maiores assim que você engravidar e é necessário um sutiã bem ajustado para uma "camuflagem" eficaz.
- Use alguns truques de acessórios já "testados e aprovados" para chamar a atenção das pessoas para seu rosto, e não para sua barriga.
    a) use uma echarpe curta;
    b) jogue um suéter de uma cor diferente e bonita sobre os ombros;
    c) prenda os cabelos, use brincos delicados e dois ou três colares delicados sobrepostos.
- Saia, meia de seda e sapatos escuros. Sempre simples, sem detalhes, pois esse é um fator vital para fazer a parte de baixo de seu corpo "desaparecer".

Um Guarda-Roupa Profissional Ideal para a Gravidez

1. Três calças ou três saias, dependendo do que você usar com mais freqüência. Duas peças podem ser informais e uma mais formal.

2. Um vestido de um modelo mais profissional, embora seja difícil encontrar um para gestantes com verdadeiro estilo.

3. Um *blazer* social. Para sua maior autoconfiança e praticidade, este deve ser sob medida e próprio para suas reuniões ou negócios mais importantes.

4. Um suéter liso. Se você gostar de visuais mais sóbrios, use um cardigã, ele causará a mesma boa impressão de elegância nos dias menos formais e custará menos.

5. Duas túnicas próprias para gestantes. Escolha tecidos que combinem com todas as suas calças e saias.

6. Duas ou três blusas de tecido leve ou tricotadas, não necessariamente próprias para gestantes. Use-as sob *blazer*s, túnicas ou sozinhas.

7. Meias de seda próprias para gestantes. Muito importantes para seu conforto.

8. Pelo menos dois pares de sapatos confortáveis. Dica: use saltos chapados, com poucos centímetros de altura, sejam eles *scarpins* ou mocassins. Os modelos com um pouquinho de salto são mais confortáveis do que aqueles sem nenhum salto.

PRÓS E CONTRAS DE USAR AS CAMISAS DELE DURANTE A GRAVIDEZ

Prós

- Compartilhar uma peça do guarda-roupa dele nesse período é uma maneira romântica de envolvê-lo mais na situação.

- É realmente fácil vestir uma camisa folgada sobre uma calça mais ajustada e ficar maravilhosa.
- Você pode amarrar as pontas da camisa sobre a barriga e ficar com um ar mais juvenil. Provavelmente. Bem, funciona para algumas mulheres.
- Você pode amarrar um suéter fino por cima da camisa, sobre a barriga, e ficar com aquele visual juvenil de "blusa amarrada na cintura". Bem, *quase* cintura.
- Você pode tornar seu visual mais sexy usando, juntamente com a camisa dele, um par de brincos de argola ou um trio de colares justapostos, ou então um colar de pérolas, calça de veludo ou saia até os joelhos, e *scarpins* baixos.
- A camisa pode servir como uma espécie de jaqueta, se usada sobre uma camiseta de mangas curtas ou compridas.

Contras

- Ele é provavelmente maior do que você e a camisa pode ficar deselegante para você. Para que ela fique bem, verifique:
  - Ombros: se a costura dos ombros chegar ao meio da parte de cima de seus braços, a camisa está grande demais.

- Torso: se ele for gordinho e você não, ficará "afogada" em meio ao tecido e parecerá ainda maior do que já está.
- Comprimento: a camisa cobre seu bumbum? Deveria.
• Nem todas as camisas ficam bem. Aquelas com colarinho e mangas compridas ficam mais elegantes. Mangas curtas, nesse caso, não caem bem.
• Se ele estiver "do lado mais baixo", providencie para que a bainha frontal não fique mais para cima do que o restante da bainha, deixando-a deselegante.

Uma boa idéia para todas: dobrar as mangas da camisa de mangas compridas até o meio dos antebraços ou até logo abaixo do cotovelo.

Cinco Inevitabilidades da Gravidez
(Mas não se preocupe, elas não oferecem risco)

1. Cós descosturados e zíperes meio abertos, escondidos sob blusas compridas.

2. Elásticos esgarçados ou cortados na parte de cima das calcinhas.

3. Sutiãs esticados até quase o limite durante o oitavo mês.

4. Tirar os sapatos durante encontros com amigos, em restaurantes, cinemas, no carro.

5. Um *colant* ou roupa própria para ginástica sob a camisola para sustentar seus "a essa altura mais do que enormes" seios enquanto você dorme.

...QUASE LÁ

Você não vê seus pés há semanas. Mesmo as camisetas XG parecem apertadas demais. Pôr qualquer coisa nos pés se tornou um exercício digno de um contorcionista. E as únicas roupas que você quer olhar no momento são aquelas coisinhas adoráveis que cabem na palma de sua mão. Em algum momento, lá pelo final do oitavo mês, você já está mesmo pensando em desistir de usar roupas. "Para o diabo com isso!", é o que você diz ao estilo. "Estou pouco ligando!"

Dicas para "Relax" Pós-Parto

- Faça uma espécie de "ritual de fogo" com uma peça simbólica que você usou durante a gestação, algo que não tenha a mínima chance de poder ser passado para sua irmã ou para uma amiga, nem que vá lhe servir em outra gravidez.
- Compre algo novinho para você usar em casa com o bebê, mesmo que seja uma simples camiseta branca. Faça isso como uma homenagem a si mesma e à chegada do bebê.
- Lembre-se de compartilhar os pequenos momentos do bebê também com seu companheiro, afinal, vocês estão juntos nisso desde o início!

CONSIDERAÇÕES FINAIS
Dicas para gestantes na Internet.*

1. www.mae.com.br
Revista *on-line* com matérias e dicas sobre diversos assuntos ligados à gravidez, com *links* para sites relacionados à gestação e ao bebê.

2. www.elgus.com.br/index.htm
Site com dicas de enxoval para o bebê, moda e *lingeries* para gestantes, além de um "kit maternidade".

3. Gestante & Cia. — http://sites.uol.com.br/lele98/
Site com dicas sobre gestação e sobre roupas para o bebê e a gestante.

4. www.uol.com.br/guiadobebe/
Site de variedades e de novidades interessantes para a mamãe e o bebê.

5. www.temgente.com.br
Página de loja dedicada à moda para gestantes.

---

* Confira o tópico "Moda e Dicas para Gestantes" do Capítulo 15, para ver outros endereços.

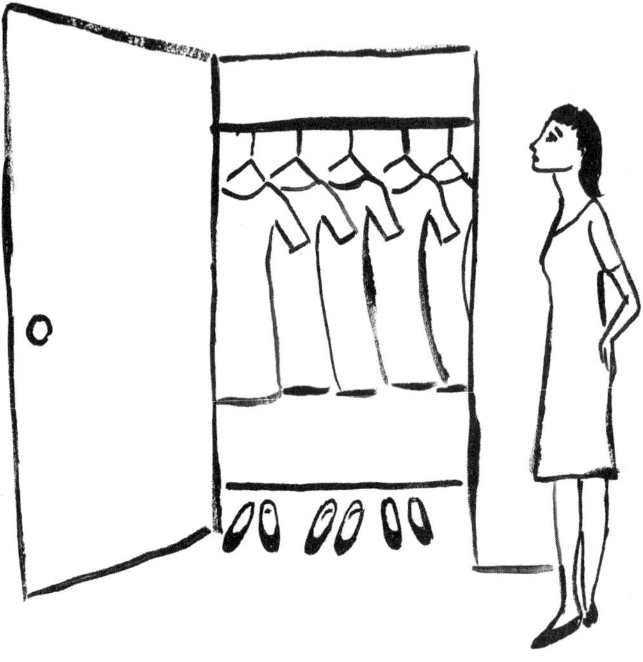

13

Para Escapar do "Estilo da Mesmice"

Há uma diferença sutil entre ser fiel a um estilo e
tornar-se escrava dele.

Seu estilo, como qualquer relacionamento longo, deve acompanhar suas mudanças ao longo do tempo.

Por que um Estilo que Funcionava Há Dez, Cinco ou Três Anos, Ou Até Mesmo Há um Ano, Pode Não Funcionar Atualmente

1. Sua vida é a mesma daquela época?

2. Seu manequim é o mesmo?

3. Suas prioridades são as mesmas?

4. Os valores em seu imposto de renda são os mesmos?

5. *Alguma coisa* continua igual na sua vida?

Então, como pode um estilo que você usava anteriormente funcionar no seu momento atual?

Socorro, Essa Não Sou Mais Eu!

Pausa para um silogismo estilístico.

1. A maioria das pessoas muda com o passar do tempo.

2. Nós usamos roupas, consciente ou inconscientemente, para expressar coisas a respeito de nós mesmos.

3. Assim sendo, para expressar nossas mudanças, nossas roupas também têm de mudar. Quando elas não mudam, nós nos sentimos psicologicamente desconfortáveis. Mal situadas. Deixadas para trás. *Deslocadas*.

Quatro Sintomas Definitivos de um Estilo Calcificado

1. Você leva algo novo para casa e "Essa não!", percebe que comprou algo *exatamente igual* a quatro outros itens que já tinha em seu guarda-roupa*.

2. Você não se importa em se olhar ao espelho quando está se vestindo porque tudo que você está usando já lhe é tão familiar,

---

* Aqui cabe um esclarecimento: é muito comum termos, digamos, quatro pares de sapatos pretos de camurça, cada um deles diferente do outro e cada um deles representando, no momento em que você os comprou, um passo evolutivo consciente em seu estilo. É quando você continua comprando modelos praticamente idênticos, e sem consciência de que foi exatamente isso que você fez, que o "estilo da mesmice" anda rondando seu vestuário.

tão completamente igual àquilo que você usou ontem e anteontem, que você sabe exatamente como está seu visual.

3. Você não faz compras, só repõe o estoque.

4. Você pára de usar algo não porque aquilo esteja fora de moda ou porque você tenha se cansado daquilo — você pára quando, e somente quando, ela está completamente deteriorada, pronta para ir parar no lixo.

VOCÊ NÃO PRECISA TER MUITA IDADE PARA TER UM "ESTILO FOSSILIZADO"

Jovens mães, executivas com receio de mudar a rotina do que vestir para o trabalho, mulheres de vinte e cinco anos que não conseguem se desfazer do estilo adolescente[1], mulheres de todas as idades que nunca se preocuparam, ou que "encontraram seu estilo" há algum tempo e nunca pensaram em mudá-lo — todas elas reclamam de guarda-roupas que deixaram de acompanhar seus "crescimentos evolutivos".

Você tem noção de que quer deixar a mesmice para trás, mas não tem a mínima idéia do que fazer para mudar seu guarda-roupa? Tudo bem. Mas aposto que você conhece muito bem a aparência que *não quer* ter. Faça uma lista do tipo: "Não quero parecer como se estivesse ansiosa para a próxima festa de Woodstock", "Não quero parecer como se roupas fossem minha única razão de viver", "Não quero parecer como se meu

---

1. Se você estiver tendo este problema, consulte o Capítulo 14, "Para Parecer Mais Velha Quando Se É Jovem ou Mais Jovem Quando Se É Mais Velha".

filho de quatro anos fosse meu consultor de moda". E assim por diante. Pronto! Agora você está preparada para pisar no primeiro degrau da escada e começar a subir.

PAUSA PARA UMA LIÇÃO DE MODA
(Sim, estilo é algo que pode ser aprendido)

Quando você olhar revistas de moda e roupas nas vitrines, faça mais do que observar figuras ou prestar atenção em cores. Você não precisa ter a mente de um físico de partículas para fazer o que vou lhe sugerir, mas terá de ser mais atenta para certos detalhes, se souber exatamente o que está procurando. Aqui estão os seis itens que definem a aparência:

1. *Silhueta*. A "moldura" do visual, como uma figura delineada contra um fundo branco. As mudanças na silhueta tendem a ser graduais de estação para estação, mas nada muito radical. Para perceber isso: Os ombros estão largos, a cintura afinou? Onde começa a cintura? (Em seu lugar natural? Mais para cima? Para baixo, perto dos quadris?) Os quadris são arredondados ou retos? Algumas silhuetas típicas são triangulares (ombros largos, cintura e quadril estreitos), do tipo "ampulheta" (ombros de tamanho natural, linha do busto acentuada, cintura fina e quadris pronunciados), esguias (ombros naturais ou ligeiramente pronunciados, cintura e quadril sutilmente curvos) e do "tipo A" (ombros estreitos, com o corpo se alargando a partir das axilas).

2. *Proporção*. O relacionamento entre as peças do vestuário em relação umas às outras e em relação ao corpo. Isso também muda gradualmente de uma estação para outra, mas os *designers*

geralmente revêem detalhes da moda a cada estação, só para manter as coisas mudando. Por exemplo, longo sobre curto é a proporção de uma túnica sobre uma saia curta. Sete oitavos é a proporção de um casaco vários centímetros mais curto do que a bainha que ele cobre.

3. *Cor.* Parece um item óbvio, mas há muito mais coisas por trás da noção de cor em moda do que você imagina. A cor é certamente um elemento da moda que sempre muda de uma estação para outra. Nas revistas: há uma cor dominante no contexto? Como as cores estão combinadas nas roupas? São todas neutras? Ou uma chamativa misturada a tons pastéis? Há cores vibrantes? As roupas são de tons diferentes de uma mesma cor? Os acessórios, principalmente sapatos e bolsas, são de cores neutras ou vibrantes? As meias de seda são de tons neutros, coloridos, brilhantes ou opacos?

4. *Textura.* A aparência superficial da roupa. Pense em tecidos macios, ásperos, emborrachados, acetinados, de náilon, de *cashmere*, jeans... Cada um deles tem uma textura e, dependendo das estações, alguns são mais apropriados do que outros. Os *designers* também gostam de brincar com combinações de texturas de maneiras novas e muito interessantes. Por exemplo: a blusa por baixo do *blazer* de lã é acetinada? Isso é uma mistura de texturas. Jeans com cetim é outra mistura. Couro com renda, um outro exemplo, e assim por diante.

5. *Padronagem.* Como as padronagens são misturadas? As padronagens tradicionais — como o xadrez tipo escocês — são recoloridas para parecerem novas? Às vezes, parece não haver ordem na maneira como as padronagens são reunidas, mas existe

uma lógica intuitiva, um esquema de cor unificador ou uma escala de padronagem.

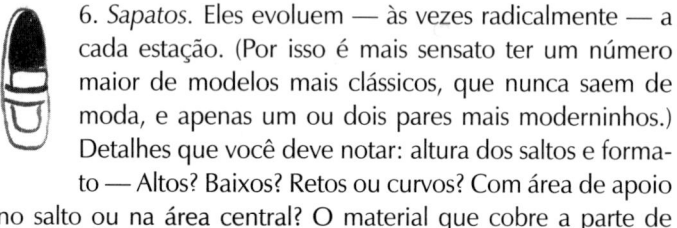

6. *Sapatos*. Eles evoluem — às vezes radicalmente — a cada estação. (Por isso é mais sensato ter um número maior de modelos mais clássicos, que nunca saem de moda, e apenas um ou dois pares mais moderninhos.) Detalhes que você deve notar: altura dos saltos e formato — Altos? Baixos? Retos ou curvos? Com área de apoio no salto ou na área central? O material que cobre a parte de cima de seus pés se encontra próximo ao tornozelo ou baixo? O bico é arredondado ou quadrado?

➤ Todas essas coisas farão mais sentido depois que você as seguir por uma ou duas estações, porque a moda é uma questão de mudança. Na próxima estação, preste atenção em como vários itens irão mudar — ou não! — em relação à estação anterior e assim por diante.

A ROTA DE FUGA PARA FORA DA MESMICE

Estágio um.
Ponha em seu campo de visão imagens com estilos diferentes do seu. Compre algumas revistas de moda, assista à MTV ou um programa de moda da tevê, como o *Fashion File*, do canal GNT no Brasil. Fique ligada!

Estágio dois.
Expanda suas possibilidades. Visite lojas e departamentos de lojas diferentes dos que você sem-

pre visitou — procure lugares mais e menos caros, de moda simples até a mais arrojada e assim por diante. Você não precisa deixar de freqüentar suas lojas preferidas, apenas acrescentar outras à lista.

Estágio três.

Mude o corte de cabelo — um grande passo para uma mudança de estilo. Sim, pesquise cortes de cabelo modernos em revistas e leve-as para seu cabeleireiro*; já é um começo. (Mas seja realista. Se seus cabelos forem completamente lisos e a imagem mostrar cachos como os retratados por Botticelli, claro que isso não vai facilitar nem um pouco o trabalho de seu cabeleireiro, embora tal mudança não seja impossível. Mas para que complicar, se podemos simplificar, não é mesmo?)

Estágio quatro.

Compre sapatos novos e diferentes de qualquer par que você tenha na sapateira. Eles devem ser de um modelo que possa ser usado no cotidiano. (Se levar uma vida mais informal, compre um modelo informal; se tiver de usar roupa social todos os dias, compre um par que faça jus às suas roupas.) Com um corte de cabelo diferente e sapatos novos, você já começará a se sentir semitransformada!

---

* Nesse caso, talvez seja até melhor mudar de cabeleireiro. Às vezes, quando você freqüenta um mesmo cabeleireiro durante muito tempo, por mais bem-intencionado que ele seja, sempre vai vê-la da mesma maneira como a vê desde que começou a cortar seus cabelos, anos atrás. Assim sendo, pode ser necessária a intervenção de uma nova pessoa que a veja de uma nova maneira. Mas também existe a chance de isso não ser necessário; muitos cabeleireiros adoram mudar o estilo de cabelos das clientes.

Estágio cinco.

Compre um novo conjunto completo de roupa*. Escolha uma roupa que possa ser usada imediatamente — bem ajustada, elegante e composta por peças que possam ser usadas com outras já pertencentes ao seu guarda-roupa. Com seus novos sapatos e o novo corte de cabelo, esse passo lhe dará mais uma dose de autoconfiança (principalmente quando você começar a ouvir elogios), animando-a a seguir em frente em sua missão de mudança. (Realize esse estágio ao mesmo tempo que o estágio quatro, se preferir.)

Estágio seis.

Continue a procurar e a comprar alguns itens novos para seu guarda-roupa, para ir trocando suas peças aos poucos. Você é livre!

Mantenha esse último estágio como seu lema pessoal e você não voltará a cair na armadilha da mesmice. Seu guarda-roupa e seu estilo, assim como você, serão fontes contínuas de progresso.

---

* Dica: peça ajuda a uma vendedora. Não se sinta tímida! Você não é obrigada a comprar se não quiser. Se possível, ligue para a loja com antecedência e explique sua missão. Pergunte pelas várias opções disponíveis. Leve uma amiga consigo se quiser. Faça disso uma espécie de "busca pelo seu novo ser".

CONSIDERAÇÕES FINAIS

Mulheres que Tiveram (ou Têm) Estilos Imutáveis, mas Que Nós Adoramos

1. Isabela Rossellini

2. Audrey Hepburn

3. Costanza Pascolato

4. Elizabeth Taylor

5. Marilyn Monroe

6. Jacqueline Kennedy

7. Coco Chanel

8. Princesa Diana

9. Naomi Campbell

10. Julia Roberts

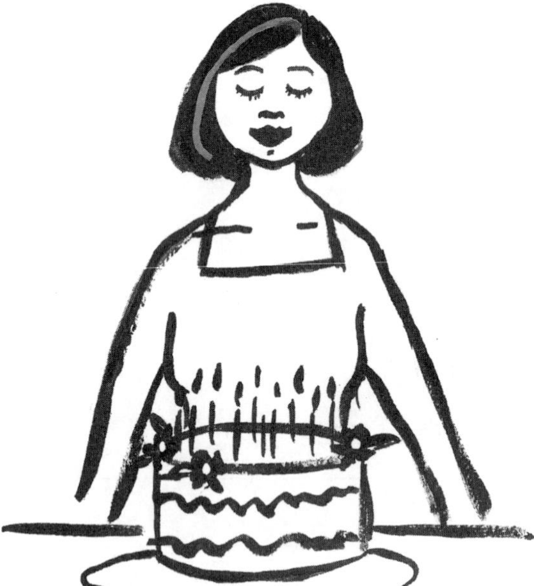

14

Para Parecer Mais Velha Quando Se É Jovem ou Mais Jovem Quando Se É Mais Velha

Não se preocupe, não é preciso começar
pondo uma argola no nariz.

O que significa, atualmente, "Vestir-se de acordo com a idade"? Qual é o visual de uma mulher de vinte anos? E de quarenta e cinqüenta? Certamente não é o mesmo de uma geração atrás ou mesmo de dez anos atrás. Hoje em dia, as mulheres parecem mais maduras do que costumavam ser e, paradoxalmente, permanecem joviais por mais tempo.

No contexto atual, nós nos definimos mais por papéis e por valores do que por nossa idade. "Vestir-se de acordo com a idade" é freqüentemente uma questão situacional e de auto-expressão. Às vezes, uma mulher de quarenta e quatro anos se veste intencionalmente para parecer ter essa idade. Outras vezes, diz "Quem se importa?", e veste saia justa e *colant*. Às vezes, sua filha de vinte e dois anos usa quatro brincos, tatuagem na barriga e um vestido solto *sobre* jeans! Em outros momentos, ela é a própria imagem da jovem bem-comportada, vestida com calça e *blazer* pretos.

O que importa aqui é ser capaz de combinar as roupas intencionalmente, para aparentar a idade que você quiser aparentar.

> Se seu estilo é "dinossáurico", mas você não, o que você está usando que a faz sentir-se velha demais? Identifique as peças em seu guarda-roupa e faça uma doação para alguém ou para alguma entidade beneficente que precise mais delas do que você. Só de fazer isso você já se sentirá mais jovem.

SE VOCÊ JÁ NÃO É TÃO JOVEM ASSIM, MAS QUER PARECER MAIS JOVEM...

Isso é bom	Isso já não é tão bom assim
Estar aberta a novos estilos e idéias.	Ser tão aberta à mudança que chega a exagerar. (Evite a argola no nariz, sim?)
Ser auto-expressiva (em oposição a "totalmente previsível").	Ter um visual meio estranho e sem nenhum estilo consistente.
Atualizar seu estilo comprando um último lançamento de algo por um preço bom, gostando de usar aquilo enquanto durar a moda, mas sem sentir culpa por deixar de usar quando a moda passar.	Ter um guarda-roupa repleto de moda barata e passageira.

OS PRIMEIROS CINCO PASSOS PARA SE VESTIR
DE MANEIRA MAIS JOVIAL*

1. *Manter-se atualizada!* Compre uma revista de moda pelo menos uma vez por mês para ficar por dentro do que anda e do que não anda na moda. Revistas como *Marie Claire, Cláudia, Manequim* e *Nova* apresentam um tipo de moda mais "realista" para o dia-a-dia; se você quiser ter uma noção mais "exagerada" do que estará em moda na próxima estação, compre um exemplar da *Vogue*. Você não precisa necessariamente gostar ou adotar algum dos estilos mostrados pelas revistas. Examiná-las é apenas uma maneira de ter novas idéias. Veja o tópico "Pausa para uma lição de moda", no Capítulo 13.

2. *Mantenha a mente aberta.* Não assuma reflexivamente que você não pode (por razões de idade, silhueta, estilo de vida ou gosto pessoal) usar um estilo de roupa mais jovial. Se sua aparência se centra em certos tipos de visual, você pode aprender a utilizar uma maneira mais jovial de reuni-los. Por exemplo: se você prefere usar saia a calça, mas está usando um tipo de saia desajeitada e sem muito estilo, comece a

---

* Consultar o Capítulo 13, "Para Escapar do 'Estilo da Mesmice'", para obter mais dicas sobre esse tópico.

pesquisar em revistas e lojas um tipo de visual mais jovem. Uma saia reta? Com pinças na cintura? Uma saia de camurça ou de napa, em vez de gabardine?

3. *Expanda seus horizontes de compra*. Pesquise diferentes lojas de roupas, de departamento e novas grifes, para encontrar aquilo que você procura*. Está precisando de uma calça preta? Por que não comprar uma de um modelo diferente, em vez das tradicionais? (Cá entre nós, nem todas as mulheres magras que usam calça são realmente magras. Às vezes, é o *modelo* da calça que dá essa impressão.) Não tenha medo de experimentar novas tendências; você ficará surpresa ao descobrir como parecerá mais jovial com alguns modelos novos de roupa devidamente selecionados.

4. *Compre — e use! — pelo menos um item da moda a cada estação*. Isso vai mantê-la atualizada. Compre peças mais em conta, em alguma loja de departamento, pois elas sempre renovam a coleção de roupas a cada estação. Pode ser um par de sapatos, uma bolsa, uma nova pantalona, coisas desse tipo. Ou então considere a possibilidade de comprar um ou dois novos *blazers* para sua coleção de roupas sociais. Pode ser uma peça de uma cor mais neutra ou então uma blusa de uma cor com a marca da esta-

---

* O Capítulo 15 contém uma lista de sites na Internet e de endereços de lojas e de serviços em geral voltados para o universo feminino. Consulte-o para maiores informações.

ção, para ser usada por baixo do *blazer*. Outra opção é uma blusa branca simples só que de um tecido moderno. Se você conseguir comprar itens assim por um bom preço e usá-los ao longo de toda a estação, não sentirá nenhum peso na consciência se tiver de abrir mão deles no ano seguinte, por já estarem fora de moda.

5. *Se você estiver preocupada com a possibilidade de ficar com um visual muito "moderninho", compre mais peças em preto.* Seja lá o que for, parecerá mais sofisticado — menos jovial — em preto. Essa é a solução quando você está preocupada em parecer "jovem demais". Imagine, por exemplo, um vestido preto reto e um do mesmo modelo só que cor-de-rosa. Uma blusa preta e uma branca. Óculos de sol com lentes pretas e outro com lentes amarelas... Definitivamente, prefiro o preto.

E PARA PARECER MENOS JOVEM...

1. Não use as versões mais extremadas de uma marca.

As versões mais extremadas da moda tendem a parecer as mais jovens*. Afaste o "monstro" das calças largas demais, as blusinhas justas e os saltos plataforma em favor de versões adaptadas ao seu estilo.

---

* Estilos extremados também podem parecer muito *avant-garde*. Mas podemos deixar para falar nisso em outro momento?

2. Tempere as combinações com bom senso.

Se usar uma peça mais radical, equilibre o visual com outra peça mais neutra.

3. Não exagere no estilo.

As padronagens imitando pele de animais estão em moda e também as botas com salto plataforma? Bem, esses modelos de bota já transmitem uma idéia de muita jovialidade, portanto, se você também quiser uma padronagem imitando pele de animal, acrescente esse detalhe a outro item da roupa, como um top ou uma echarpe curta. O visual elegante não mistura demais as coisas, entende? Portanto, nada de exageros.

4. Explore novos territórios.

Visite desde lojas mais básicas até as mais chiques e tente tirar um meio-termo de tudo isso para criar seu estilo. Quanto mais variedades você vir, maiores serão suas opções de escolha, e esse é sempre um fator positivo na criação de um estilo.

5. Exija sempre boa qualidade.

Roupas de acabamento muito barato, que geralmente surgem com alguma "marca relâmpago", apenas para acompanhar uma tendência momentânea da moda, tendem a ser as menos confiáveis. Aquelas com acabamento mais cuidadoso, que não se descosturam "à primeira sentada", são um pouquinho mais caras, mas também são aquelas que duram mais e que têm um visual mais elegante.

6. Seja relativamente consistente.

Você alcança a excelência do estilo quando tem um visual consistente que, ao mesmo tempo, deixa margem a surpresas e à evolução sazonal.

Em seu esforço por parecer mais madura, não abandone o estilo que vai em sua alma, aquilo que determina sua autenticidade acima de qualquer coisa. O estilo está onde você quiser encontrá-lo.

Não leve isso a sério demais a ponto de perder o senso de humor. Aquele colar horrível com um pingente de pássaro que você encontrou em um bazar durante uma visita a outra cidade ou outro país, a pequena réplica da Torre Eiffel, comprada de um vendedor ambulante em Paris, o colar de contas de plástico oferecido por sua sobrinha de seis anos — são os detalhes que você deve saber usar para fazer com que qualquer coisa pareça adaptada a seu estilo pessoal. Seja criativa!

CONSIDERAÇÕES FINAIS

Ficar ou manter-se em forma é um fator muito importante para parecer bem, aos dezessete ou aos sessenta e sete! Não se engane: "em forma" não significa "magra". Significa ser dinâmica, forte e flexível. As sugestões a seguir a ajudarão a traçar um plano de exercícios:

- O *local* e o *horário* têm de ser convenientes, do contrário, você arranjará desculpas para não ir.
- Envolva pelo menos mais uma pessoa na missão. Ter de prestar contas ou de considerar outra pessoa — um amigo, um instrutor, o cônjuge — é um fator de motivação para muitas pessoas. Diga a essa pessoa que você está dando a ela o "papel de comando", o direito de dizer coisas do tipo: "Mexa-se e vá fazer isso agora mesmo!", "Pense em quanto você se sentirá bem quando terminar", "Não desista, agora que chegou até aqui" ou "Vamos, você é capaz!".
- Incentive-se. Depois de um ou dois meses que estiver fazendo seu regime, dê um descanso para si mesma fazendo, digamos, uma relaxante sessão de sauna, tirando um dia ou uma semana de descanso ou, melhor!, passando uma semana inteira em um spa! Assim você poderá descansar um pouco e adquirir incentivo para continuar se exercitando.
- Estabeleça metas alcançáveis. Em princípio, metas diárias. Quando entrar em uma rotina, passe para metas semanais, depois mensais e assim por diante. Estabeleça metas difíceis, mas alcançáveis. Quando se sentir pronta, estabeleça uma meta realmente desafiadora: treinar para uma mara-

tona, entrar naquele vestido maravilhoso dois números menor que o seu dentro de seis meses, cortar três segundos de seu cochilo no fim de semana, sei lá! O desafio é seu.
- É importante lembrar: não fique obcecada em atingir metas. Afinal, a verdadeira grande meta da vida é ser feliz a cada momento, e isso pode ser alcançado se você se esforçar um pouco e deixar de se preocupar com coisas que parecem grandes mas que, na verdade, não são tão importantes assim.

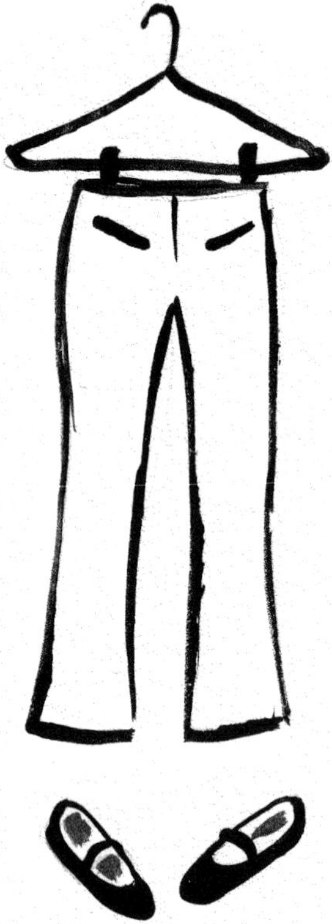

15

Para se Manter Elegante e "Plugada"

Mãos ao mouse!

Para você, mulher brasileira que quer entrar no século 21 sendo considerada uma mulher elegante, superfeminina e "de mouse na mão", aqui vai a dica de alguns sites da Internet dedicados ao universo feminino no Brasil, e também de endereços de lojas que poderão facilitar um bocado sua pesquisa para se manter sempre em dia com a moda e com o mundo. Boa pesquisa e "mãos ao mouse"!

Interesse Geral

www.wmulher.com.br

Aqui você encontra dicas de moda e estilo, leitura, culinária, trabalho, horóscopo, compras, saúde, cursos, relacionamento, psicologia e filhos. O site tem também espaço reservado para "Chat", "Classificados" e "Últimas Notícias".

www.she.com.br

Respostas a perguntas do tipo: Quais as últimas tendências em acessórios? Como "domar" cabelos rebeldes? Qual o esporte do momento? Além de assuntos desse tipo, o site traz também a biografia da vida de grandes mulheres que marcaram época. Vale a pena conferir.

www.bela.com.br

Os canais pelos quais se pode optar dentro do site mostram assuntos ligados a diversos interesses femininos, como: saúde, beleza, sexo, profissão, culinária, entretenimento e comportamento. O dilema de "O que cozinhar hoje?" é resolvido com a "Receita do Dia". Ao entrar, você pode participar de um concurso que vai sortear uma vez por mês uma transformação completa de visual, indo das roupas até o cabeleireiro e maquiagem.

www.banheirofeminino.com.br

Site divertidíssimo e ousado, trazendo assuntos tratados por mulheres naquela famosa "saidinha ao banheiro". A apresentação supercolorida condiz com a linguagem bem-humorada e irreverente do site. Confira!

www.ladynet.com.br

Este site mostra artigos sobre a posição da mulher no campo de trabalho e sua postura nesse meio. A saúde também é vista como algo importante, trazendo matérias de médicos especializados em saúde da mulher. Ao clicar "Outros superlinks", você pode acessar outros sites de interesse feminino. O espaço reservado para o bom humor mostra as opiniões de Dorotéia, Ph.D. em "palpitologia".

www.toquefeminino.com.br
Revista feminina *on-line* com os tradicionais espaços para beleza, saúde e receitas. Apresenta fofocas sobre artistas, horóscopo para todos os dias da semana e um amplo fórum de debate onde você pode sugerir uma questão para ser debatida por outras mulheres.

www.ifeminina.com
Site de atualidades direcionado a mulheres "ativas, curiosas, inquietas e empreendedoras". Ainda em fase de construção, mas com uma apresentação delicada e de muito bom gosto, este site promete ser um ponto de referência para a internauta feminina no futuro.

www2.mulheratual.com.br
Horóscopo, saúde e beleza, moda, carreira, dia-a-dia, novidades, diversão e comportamento são alguns dos assuntos deste site. Além disso, ele também traz promoções, dicas de leitura e textos de colunistas famosos.

Saúde

www.cancerdemama.org.br
Entre de peito nessa luta! É assim que a primeira página do site a convida para começar sua pesquisa sobre o tema. O site tem espaço para apresentação e esclarecimento de dúvidas, busca de apoio e apresenta as últimas novidades em tratamentos.

www.meucorpo.com.br
Este site é mais dirigido às adolescentes, com explicações detalhadas sobre menstruação, TPM e sistema reprodutor, com

uma verdadeira aula a respeito do funcionamento do corpo feminino em todos os seus estágios.

www.gineco.com.br

Ótimos esclarecimentos sobre a saúde da mulher, inclusive a importância do exame ginecológico e informações sobre menopausa, TPM e infertilidade. O site apresenta ilustrações passo-a-passo de como colocar a camisinha feminina, além de como fazer o auto-exame das mamas, para prevenção de câncer. Tem também um espaço para a internauta deixar suas dúvidas, que são respondidas posteriormente por um médico.

Moda e Compras

www.moda.com.br

Se você quer ficar por dentro do que acontece no mundo da moda, este é o site. Contém muitas dicas de compras, últimas tendências da moda, textos jornalísticos e eventos. Em caso de dúvida — "Posso usar saia com bota sem parecer cafona?" —, há consultores de moda *on-line*, disponíveis para sanar seu drama. Traz também uma lista com faculdade de moda, publicações ligadas ao assunto e *links* para outros sites sobre o tema.

www.jaquetas.com.br

Loja especializada em venda de roupas de couro, cintos, bonés, luvas, carteiras, bolsas e artigos esportivos. Entrega em todo o Brasil e também no exterior, para o caso de você querer presentear alguém.

www.modapraia.com.br
Dicas e notícias sobre moda e outros assuntos de interesse feminino. Com *links* para lojas virtuais especializadas em roupas e acessórios femininos.

www.seventeen.com.br/seventeen.html
Página de loja especializada em moda para executivas, com *show room* localizado no bairro de Pinheiros, em São Paulo.

www.parlamentodamoda.com.br
Loja especializada em moda para executivas, com lojas em São Paulo e no Rio de Janeiro.

www.revides.com.br
Loja virtual especializada na venda de jeans, com artigos de moda tanto femininos quanto masculinos.

http://shopping.zaz.com.br/hering/
Loja virtual da conhecida malharia Hering e de suas licenciadas. Neste endereço, você também encontra artigos das marcas Mafisa, Omino, Dzarm e Public Image. Para comprar malhas de algodão, é uma ótima pedida.

www.vivavida.com.br
Este site oferece toda a coleção da marca Viva Vida. Para facilitar a compra, o endereço possui uma tabela com medidas que auxiliam na escolha da numeração. Para os visitantes mais assíduos, a Viva Vida oferece um programa de fidelidade que dá direito a descontos em compras feitas na Internet. Há também estilistas *on-line* para tirar dúvidas urgentes.

www.fashionsite.com.br
"O mais completo shopping virtual de moda do Brasil". Nesta loja virtual, você encontrará roupas e acessórios, catálogos de coleções e assessoria de moda *on-line*.

www.americanas.com.br
Site da conhecida loja de departamentos com espaço dedicado à venda de um grande número de artigos de interesse feminino, como roupas, *lingerie* e cosméticos. Confira!

> **Dica:** o site de busca **www.surf.com.br** oferece a opção de comparação de preços entre as lojas. Você indica a categoria do produto (cosmético, vestuário etc.), o Estado do Brasil, a ordem de pesquisa e a "palavra-chave", ou seja, o produto especificado. O site lista, então, os locais com melhores preços em seu Estado. Demais!

Moda Especial (Tamanhos Grandes)

www.jardimmarajoara.com.br
Este endereço possui um *link* para a página da Versículo's, loja especializada em moda feminina com tamanhos especiais (manequins 44 a 60). Oferece profissionais de costura para barras e eventuais ajustes.

www.temgente.com.br
Loja especializada em moda feminina com tamanhos grandes, que busca estar sempre em dia com as novidades da moda.

Palank - Tamanhos Grandes (manequins 48 a 60)
Rua Alfredo Pujol, 157 - Santana - Tel.:(11)6979-2176
Rua Tuiuti, 2390 - Tatuapé - Tel.:(11)293-4523

Rurita - Grandes Mulheres (manequins 38 a 56)
Rua Júlio Conceição, 97 - Bom Retiro - Tel.:(11)220-3386

Plus Size (manequins 44 a 60)
Av. Rouxinol, 1032 - Tel.:(11)241-2540

Kauê (moda masculina e feminina - manequins até 70)
Lapa - Tel.:(11)261-2144 Paraíso - Tel.:(11)572-0436
Santo Amaro - Tel.:(11)5681-6098 Santana - Tel.:(11)6973-6618
Pça. da Árvore - Tel.:(11)577-9520

Andre Apasse (manequins 46 a 60)
Morumbi Shopping - Piso Térreo - Tel.:(11)5182-5104
Jardins - Al. Ministro Rocha Azevedo, 1359 - Tel.:(11)3064-1443
Moema - Rua Normandia, 42 - Tel.:(11)532-1373

Moda e Dicas para Gestantes

www.mae.com.br
Revista *on-line* com matérias e dicas sobre diversos assuntos ligados à gravidez, com *links* para sites relacionados à gestação e ao bebê.

www.elgus.com.br/index.htm
Site com dicas de enxoval para o bebê, moda e *lingerie* para gestantes, além de um "kit maternidade".

Gestante & Cia. — http://sites.uol.com.br/lele98/
Site com dicas sobre gestação e sobre roupas para o bebê e para a gestante.

www.uol.com.br/guiadobebe/
Site de variedades e de novidades interessantes para a mamãe e o bebê.

www.temgente.com.br
Página de loja dedicada à moda para gestantes.

Origem — Moda Gestante
Loja dedicada a roupas e acessórios para gestantes.
Endereço: Morumbi Shopping — Piso Térreo — SP
Tel.(11)5183-9775

Mammy Gestante
Loja dedicada a roupas e acessórios para gestantes desde a *lingerie* até os vestidos de festa.
Endereço: Rua João Lourenço, 613 — V.N. Conceição — SP
Tel.(11)820-2216

Lingerie

www.lingerie.com.br
Loja virtual especializada em venda de *lingerie* com entrega em todo o Brasil. Muitas opções em calcinhas, sutiãs e meias de seda (inclusive modeladoras), além de outras peças do vestuário feminino.

www.americanas.com.br
No setor dedicado à venda de *lingerie*, vale a pena conferir as novidades trazidas por marcas famosas, incluindo sutiãs com armação para modelar os seios, com alças transparentes ou com bolsa de água e óleo, para aumentar o volume dos seios.

www.womantalk.com.br
Loja virtual com venda de vários modelos de *lingerie* de marcas famosas, como Valisère, Valfrance, DuLoren e outras. Inclui modelos com armação para modelar os seios e outros com bolsa de água e óleo, para aumentar o volume dos seios.

Perfumaria e Cosméticos

www.perfumaria.com.br/index.asp
Loja virtual com venda de perfumes femininos e masculinos em geral e de grifes famosas, como Gucci, Giorgio Armani, Chanel e Givenchy, entre outras. Há também dicas de como escolher o perfume ideal.

www.avon.com.br
Venda *on-line* de perfumes e cosméticos dessa marca conhecida mundialmente, incluindo dicas e idéias sobre maquiagem. Trata também de assuntos ligados à saúde e ao universo feminino em geral, com *links* estratégicos sobre a mulher no Brasil e no exterior.

www.americanas.com.br
Na parte dedicada à venda de cosméticos *on-line*, você pode encontrar desde marcas e produtos mais populares até os de grifes famosas.

www.cheiroeshampoo.com.br

Loja virtual que oferece ótimas marcas de cosméticos, perfumes, xampus, produtos para tratamento capilar e linhas especiais de embelezamento.

Calçados

www.sapato.com.br

Site interessante para aquelas que usam sapatos de número grande, mas querem manter discrição sobre o assunto. A loja garante a entrega dos sapatos em sua casa "com total sigilo e segurança".

www.piccadilly.com.br

Site da conhecida marca de calçados femininos com muitas opções de compra e dicas de como comprar calçados pela Internet.

www.calcantes.com/primeira.html

Loja virtual com permanente atualização das novas coleções de sapatos da estação.

www.pontape.com.br/loja.html

Loja virtual com venda de inúmeros modelos de sapatos, bolsas e acessórios.

www.zebu.com.br/interest.htm

Site da conhecida marca de sapatos ligada a uma empresa dedicada a causas ecológicas. Os modelos dos sapatos são muito práticos e confortáveis para o dia-a-dia. Vale a pena conferir.